KŁAMSTWA PIENIĘDZY:

KIM JESTEŚ?

DR. LISA COONEY

Dr Lisa (jak jest powszechnie nazywana) jest utalentowanym terapeutą / uzdrowicielem / praktykiem, który naprawdę ma zdolność kierowania dokładnie tego, co jest potrzebne każdemu z jej klientów, niezależnie od tego, czy jest to tradycyjna terapia rozmową, czy coś poza utartymi ścieżkami. Jest doskonałą słuchaczką, empatyczną, intuicyjną i współczującą. Czuje rzeczy razem z Tobą. Pracuje, by zrozumieć.

Dr Cooney jest bardzo uważna i zapewnia format terapii, który odpowiadał moim oczekiwaniom co do tego, jak terapia powinna być zorganizowana, aby znaleźć w niej wartość. Wysłuchała moich pożądanych rezultatów i rzeczy, które działały dla mnie w przeszłości, i zmodyfikowała swoje podejście do naszych sesji, aby dopasować je do tych próśb. Od czasu do czasu kontaktuje się z nami między sesjami, aby sprawdzić, co się dzieje i uważam, że wykracza poza to, biorąc pod uwagę, ilu pacjentów musi zobaczyć. Zmodyfikowała również swój harmonogram, aby dopasować się do mnie, gdy miałam konflikt na kilka dni przed naszą zaplanowaną sesją i była w stanie szybko przełożyć ją na inny termin, aby nie pozostać w tyle w moich postępach. Ogólnie rzecz biorąc, bardzo polecam dr Cooney ze względu na jej połączenie profesjonalizmu / personalizacji i jej wyraźną wiedzę na tematy, które chciałam omówić.

Dr Lisa jest empatyczna, wyrozumiała i niesamowicie skuteczna. Nigdy nie miałam tak dobrego kontaktu z terapeutą. Byłam szczerze zaskoczona tym, jak dobrze i jak szybko była w stanie mnie zrozumieć i mi pomóc. Nie mogę jej wystarczająco polecić, naprawdę pomogła mi zmienić moje życie na lepsze.

PODZIĘKOWANIA

Dziękuję wszystkim kulturom, krajom i ludziom, którzy zaprosili mnie do poprowadzenia warsztatów Kłamstwa Pieniędzy w ich ojczyźnie. To był wielki przywilej ułatwiać zmiany w waszym języku, w waszym kraju i w waszych relacjach z pieniędzmi, tam i z powrotem.

Uwolnienie się z naszych kulturowych i etnicznych klatek finansowych jest tak samo ważne, jak tworzenie własnej rzeczywistości finansowej. Nadużycia, w jakiejkolwiek formie, nie mają miejsca na tej planecie. Obejmuje to nadużycia, które wyrządzasz sobie, będąc kimś innym ze swoimi pieniędzmi, myśląc o sobie coś innego i kupując narrację, która nigdy do Ciebie nie pasowała. Zmień siebie, a zmienisz świat wokół siebie.

Przyjmij teraz to, co wszechświat chce Ci dać. Miej to, bez względu na wszystko! Wyzywam Cię...

*Ta książka jest dedykowana wszystkim, którzy zmagają się
z pieniędzmi.
Wszystkim, którzy czują, że dług lub zmartwienie
finansowe, w którym się znajdują, to wielka czarna dziura,
z której nigdy się nie wydostaną.
Dla wszystkich, którzy czują się zagubieni,
zdezorientowani, unieruchomieni, przerażeni i bezsilni
wobec zmiany swojej finansowej rzeczywistości, dzielę się z
Wami tymi słowami jako latarnią morską, która pomoże
Wam przetrwać. Ty
dokonasz innego wyboru.
Możesz mieć życie, jakiego pragniesz.
Możesz tworzyć pieniądze, gotówkę, waluty, inwestycje i
wakacje, których pragniesz.
Wybierz Siebie
Powierz się Sobie
Współpracuj z tymi, którzy spiskują, by Cię błogosławić
Stwórz Siebie*

WPROWADZENIE

Masz teraz w rękach kopalnię złota.

Co najmniej, cały stos gotówki i pieniędzy - w zależności od tego, czego chcesz (ponieważ, jak przekonałam się z tysiącami klientów na całym świecie, istnieje różnica).

Ale ta książka nie jest tylko o pieniądzach... Jest o kłamstwach związanych z pieniędzmi.

I mówiąc szczerze, jeśli nie dotrzesz do ich sedna, będą Cię trzymać na uwięzi jak piłkę na sznurku przywiązanym do słupa, krążąc w kółko po tej samej orbicie.

Może Cię zaskoczyć, że te kłamstwa o pieniądzach nie mają nic wspólnego z rzeczywistą gotówką lub pieniędzmi, ale mają wszystko wspólnego z tym, czego używasz do tworzenia "przepływu pieniędzy" - lub jego braku - na koncie bankowym, portfelu, inwestycjach, książeczce czekowej i w portfelu już teraz.

Innymi słowy, wszystko to staje się rzeczywistością finansową.

Czy brzmi to jak ogromne przedsięwzięcie lub nieco przytłaczające?

Jeśli tak, to z przyjemnością odkryjesz, podobnie jak osoby, które osobiście uczestniczyły w tych warsztatach, że wszystko, czego potrzeba, aby rozpocząć tworzenie nowej rzeczywistości finansowej dla siebie, to zmiana o jeden stopień.

I każdy może to zrobić, łącznie z Tobą.

Jak zobaczysz, kiedy tam wejdziesz i spojrzysz, klatka kłamstw i ograniczeń zacznie grzechotać, a następnie upadnie.

I wtedy zaczyna pojawiać się prawda. Jak to się ma do pieniędzy?

Ponieważ pieniądze są energią, tak jak wszystko inne. Jesteśmy energią. Mamy ATP w każdej komórce naszego ciała, Adenozynotrifosforan. To energia duchowa, energia naszej duszy.

Przychodzimy w formie. Pieniądze przychodzą w

formie. Wszyscy jesteśmy energią, ale oddzielamy ją tymi kłamstwami.

Pieniądze nie są problemem - my nim jesteśmy.

Nie ma to nic wspólnego z niczym zewnętrznym, a wszystko ma związek z tym, co jest w Tobie i jakie są Twoje systemy przekonań. Ma to związek z tym, co o tym myślisz, jak na to rzutujesz, co to dla Ciebie znaczy, przez co się definiujesz i czy to masz, czy nie.

Ta książka jest wypełniona lekcjami, które wyciągnęłam z kilku niesamowitych warsztatów, lub "Degustacji", jak je nazwałam, na temat Kłamstw Pieniędzy, które przeprowadziłam w różnych częściach kraju.

Niestety, istnieją pewne kłamstwa związane z pieniędzmi, które podstępnie przepływają przez jednostki, ich rodziny i kultury, przekazywane z pokolenia na pokolenie. W ciągu ponad 20 lat praktyki prywatnej, grupowej i międzynarodowej zauważyłam, że pieniądze są jednym z trzech głównych powodów, dla których ludzie przychodzą do mnie (pozostałe to zdrowie i relacje).

Zaczęłam zauważać, że u moich klientów, którzy mieli ten sam "problem", występował pewien wzorzec - potrafili tworzyć pieniądze, ale nigdy ich nie zatrzymywali ani nie mieli.

Inni uważali, że nie mogą tworzyć pieniędzy - a zatem nie mogą ich mieć.

Jeśli czytasz tę książkę, podejrzewam, że gdzieś na tych stronach znajdziesz swoje własne doświadczenia i w rezultacie zaczniesz mieć własną zmianę o jeden stopień. A kiedy to zrobisz, wykonam swoją pracę.

Ponieważ kłamstwa dotyczące pieniędzy tak naprawdę polegają na konfrontacji z tymi trzema pytaniami:

- *Kim jestem?*
- *Czym jestem?*
- *W jakie kłamstwo uwierzyłem, które stało się prawdą?*

Zaufaj mi, to nie jest praca dla słabych.

Ale to jest dla tych z Was, którzy są gotowi żyć swoim ROAR® - tym, co nazywam Radically Orgasmically Alive Reality.

To praca dla niegodziwego ROAR® wewnątrz Ciebie, który mówi: "Nigdy więcej. Nie warto dłużej ukrywać się za tymi kłamstwami".

I wiesz, naprawdę nie jest. Więc przyjdź po swoje pieniądze...

Ponieważ pieniądze w Twoich rękach zmienią świat.

1

———

GAPIĄC SIĘ NA ZERO

"Zamierzam dać Wam dziś tylko mały przedsmak Kłamstw Pieniędzy" - pamiętam, jak powiedziałam do mojej żywiołowej publiczności na Maui, kiedy pojechałam tam na warsztaty na temat Kłamstw Pieniędzy. Był to pięciodniowy, rygorystyczny warsztat, podczas którego próbowaliśmy zrzucić z siebie warstwy traumy, osądów, samoosądów i wiele więcej dla wszystkich ludzi, którzy przybyli na to doświadczenie. To zawsze przywilej i ogromna odpowiedzialność, gdy ludzie obdarzają Cię zaufaniem i oczekują, że ich najgłębsze rany zagoją się dzięki Twojej cnocie. A możliwość podzielenia się historią z tego warsztatu jest kolejnym błogosławieństwem, które pozwala mi połączyć się z Wami, moimi czytelnikami. A więc zaczynamy...

To bardzo interesujące, gdy mówimy o pieniądzach, ponieważ przynoszą one energię utknięcia. Istnieją

I

trzy główne kłamstwa dotyczące pieniędzy, a jeśli się im przyjrzysz, przekonasz się, że to właśnie te założenia w Tobie tworzą rzeczywistość finansową, która w rzeczywistości nie jest Tobą.

Ale wierzysz, że to Ty.

To może na chwilę zakłuć Twój umysł i możesz czuć się zagubiony.

Mam nadzieję, że Twój umysł rozszerzy się, czytając to, ponieważ to, co wszyscy zrobiliśmy sobie wokół tematu pieniędzy, jest w rzeczywistości radykalną eliminacją naszej kreatywnej, fenomenalnej błyskotliwości.

Co więc dają Ci pieniądze w tej rzeczywistości? Czy dają Ci wolność? Czy pozwalają Ci dokonać dobrego wyboru? Czy dają Ci coś luksusowego? Co jeszcze Ci dają? Śmiech?

Prawdopodobnie myślisz, że dają Ci bezpieczeństwo, rozrywkę, luksusy i tak dalej. I to właśnie powiedzieli moi uczestnicy na Maui.

Tak naprawdę ta rzeczywistość funkcjonuje dzięki pieniądzom, a jednak tak wielu ludzi trzyma pieniądze z dala od siebie z powodu wielu różnych kłamstw. Zajmę się trzema z tych kłamstw, które działają jak dziura w kieszeni.

A teraz wyobraźmy sobie pieniądze. Osobiście trzymam pieniądze bezpiecznie w portfelu, często w towarzystwie banknotów stuzłotowych, a wszystko to spięte jest klipsem z 14-karatowego złota. Jest dość ciężki - nawet wiatr go nie zmiata.

Kiedy patrzę na te bezpiecznie trzymane pieniądze, czuję się szczęśliwa. Kiedy trzymam je w dłoni, czuję się potężna. Czuję się kreatywna. Podnosi mnie to na duchu, gdy robię małe zakupy i wykorzystuję część pieniędzy.

Kiedy trzymam te pieniądze w portfelu, wiem, że wszystko jest możliwe. Kiedy patrzę w lustro, wiem, że wszystko jest możliwe. Kiedy patrzę na ocean, wiem, że wszystko jest możliwe.

Jednak większość z nas patrzy na pieniądze i wierzy, że nic nie jest możliwe, jeśli ich nie mamy.

To jest pierwsze kłamstwo pieniędzy: Wielu z nas wierzy, że ten kawałek papieru ma nad nami władzę, że jest silniejszy od nas, większy od nas. Ma nad nami władzę. Jest naszym właścicielem.

Spójrz na to, jak teraz na to patrzysz. Spójrz na to, co pojawia się w Twoim ciele, gdy na to patrzysz. Wsłuchaj się w swój umysł i w to, co mówisz, gdy to widzisz:

- *O czym myślisz?*
- *Co oceniasz?*
- *Co postanowiłeś?*
- *Do jakich wniosków doszedłeś?*
- *Co obliczyłeś? I...*
- *Jak być może skonfigurowałeś, że pieniądze są bogiem tej rzeczywistości, któremu musisz się kłaniać i przysięgać wierność, aby je mieć?*

To kłamstwo.

Nie ma nic, co musisz zrobić lub być, aby mieć to tutaj. Musisz po prostu wybrać bycie lub robienie tego, co jest dla Ciebie odpowiednie. To pierwsze kłamstwo związane z pieniędzmi.

Drugie kłamstwo wygląda mniej więcej tak: Załóżmy, że zabrałeś swoje pieniądze do poradni dla par. Kładziesz pieniądze na krześle - i masz swoje krzesło - a terapeuta kieruje Ciebie i Twoje pieniądze na rozmowę o waszej relacji ze sobą, używając komunikatów "ja".

Jeśli przemówiłyby do Ciebie, co by Ci powiedziały? Jak dobrze byłby przez Ciebie traktowane? Czy jest to kochanek, który śpi na kanapie i dlatego tak naprawdę nie jest kochankiem?

Czy to ten, który odchodzi od Ciebie i woli iść do baru, aby spędzić czas ze swoimi przyjaciółmi, zamiast być z Tobą? A może to Ty wychodzisz i idziesz do baru, aby być ze swoimi przyjaciółmi i nie chcesz być z nim? Czy mógłbyś nawet pomyśleć, że pieniądze byłyby Twoim kochankiem?

To drugie kłamstwo, o którym będziemy mówić, że pieniądze są Twoim oprawcą, Twoim więźniem, a Ty jesteś ich niewolnikiem. I że jeśli ich nie masz, nie możesz wybierać poza tym, co wybierasz teraz. Że nigdy nie dadzą Ci tego, czego potrzebujesz.

W tym kłamstwie zawsze będziesz je krytykować. Zawsze będziesz do nich sceptycznie nastawiony. Nigdy im nie zaufasz. Będziesz chciał je oszukiwać. Będziesz chciał się nim objadać. Nigdy nie będziesz ich oszczędzać. Nigdy nie będziesz ich mieć. Zawsze będziesz je wydawać. Nigdy nie zdecydujesz się nimi otaczać.

Czy zauważasz, że w tym wszystkim jest jakiś motyw? Ten motyw leży w każdym z nas, w każdym z Was.

Pierwszym kłamstwem jest to, że pieniądze są bogiem, a Ty jesteś kimś gorszym. Drugim kłamstwem jest to, że pieniądze są Twoim oprawcą, Twoim wiecznym więźniem i nie możesz ich mieć.

Jakie jest trzecie kłamstwo? Czy potrafisz je odgadnąć?

Kiedy zadałam to pytanie na moich warsztatach, wszyscy uczestnicy mieli swoje unikalne odpowiedzi i żadna z nich nie była błędna. Odpowiadali na przykład: "Nigdy nie będziesz mieć wystarczająco dużo pieniędzy".

"Pieniądze to zło".

"Trzeba na nie ciężko pracować".

"Pieniądze nie kupią mi miłości".

A wszystko to jest w stu procentach dokładne i prawdziwe dla ludzi, którzy to czują i co jest prawdą w tej rzeczywistości. Te kłamstwa tworzą całe systemy przekonań. Są osądami. Są to rzeczy, o których zdecydowaliśmy, osądziliśmy, wyciągnęliśmy wnioski, obliczyliśmy i skonfigurowaliśmy wokół nich naszą rzeczywistość, w tym nasze konta bankowe, nasze związki, nasze ciała, naszą pracę, nasze obowiązki, nasze ubrania i wszystko pomiędzy.

Określają, kiedy możemy pojechać na Hawaje, a kiedy nie, co jemy, kiedy możemy iść do Whole Foods lub Safeway, czy cokolwiek to jest.

Ale wszystkie są systemami wierzeń.

Trzecim kłamstwem jest to, że *pieniądze są problemem.*

Pieniądze nie są problemem - jesteśmy nim my sami. To, co o nich myślimy, jak na nie rzutujemy, co one dla nas znaczą, przez co definiujemy siebie, niezależnie od tego, czy je mamy, czy nie.

Nie są to wszystkie kłamstwa związane z pieniędzmi, ale są to trzy kłamstwa związane z pieniędzmi, które bardzo wyraźnie dotarły do mnie podczas mojej osobistej podróży. Stanowią one rdzeń tej książki.

2

———

OSIĄGNIĘCIE DNA

Niezależnie od tego, czy widziałeś mnie przemawiającą, czy nigdy nie widziałeś mnie przemawiającej, prawdopodobnie wiesz, że zwykle zaczynam od struktury lub konspektu tego, o czym będę mówiła, a następnie około dziesięć minut przed zajęciami wyrzucam go do śmieci, ponieważ łączę się z energią tego, co i kto przychodzi i pojawia się.

Słucham tego, co ciała, istoty - energia wszystkich uczestników razem - mogą usłyszeć i mogą chcieć usłyszeć. To jest ważniejsze niż jakikolwiek zarys, przynajmniej dla mnie, jaki mogłabym wymyślić. A potem zawsze, nawet jeśli go wyrzuciłam, wiążę go z powrotem ze względu na strukturę i spójność.

Jak to robię? Częściowo wynika to z mojej licencji i tytułów doktora psychologii i terapeutki oraz praktyka traumy i somatyki. Podróżuję po całym świecie, prowadzę audycję radiową i warsztaty - praca z ciałem, praca z energią - na całym świecie.

Jest jednak kilka innych rzeczy, które sprawiły, że jestem w stanie przyjść na zajęcia, wyrzucić mój konspekt i mówić i mówić do tego, co jest tutaj w pokoju - i to jest oparte na energii. Aby odpowiedzieć na pytanie jak, pozwól mi podzielić się z Tobą kilkoma rzeczami, które pozostawiły na mnie niezatarte ślady.

Około 15 lat temu zdiagnozowano u mnie chorobę zagrażającą życiu. Wtedy zdałam sobie sprawę, że mam duży problem z pieniędzmi. Jeśli zachorujesz, dowiesz się, że Twoja opieka zdrowotna w USA nie obejmuje Twoich naturopatycznych wyborów. Mógłbyś z łatwością spieniężyć swoją emeryturę, dom, inwestycje, portfel i tak dalej, i tak dalej. I to jest dokładnie to, co zdecydowałam się zrobić świadomie i nadal tu jestem.

Kiedy zdiagnozowano mnie po raz pierwszy, lekarz powiedział, że najlepsze, co mogę zrobić, to żyć na lekach do końca życia i będę musiała wyciąć organ lub dwa, może trzy lub cztery, kiedy już się tam dostaną. Kto to wiedział? Więc dali mi trzy opcje: zabić go, żyć na lekach lub usunąć.

Miałam wtedy około 30 lat i powiedziałam endokryno-
logowi: "Cóż, musi być jakaś inna opcja".

Nigdy go nie zapomnę, ponieważ był jednym z głównych powodów, dla których sięgnęłam po środki energetyczne, aby leczyć, zmieniać i dokonywać różnych
wyborów w moim życiu - różnych możliwości - w
moim życiu fizycznym, emocjonalnym, duchowym,
finansowym i energetycznym.

Powiedział mi, że nie ma innego wyjścia. Nic innego
nie było możliwe.

Wyszłam więc i nigdy więcej go nie zobaczyłam, co
doprowadziło mnie do Theta Healing® Institute
(obecnie w Montanie), gdzie przebywałam przez trzy
miesiące.

W ciągu trzech tygodni wyleczyłam chorobę. Wyleczenie całego ciała ze wszystkich problemów zajęło
trochę więcej czasu. To dlatego, że uzdrawianie energią
i medycyna naturalna patrzą holistycznie na całe ciało.

Z drugiej strony, endokrynolog wykorzystuje medy-
cynę alopatyczną, aby przyjrzeć się tylko układowi
hormonalnemu i kilku powiązanym narządom i
układom ciała. Niekoniecznie mówię źle o endokryno-

logach lub medycynie alopatycznej. Nadal z nich korzystam. To tylko moje doświadczenie.

Kiedy dokonałam tego wyboru i zobaczyłam, co może się stać z energią, wiedziałam, że w tym życiu dzieje się coś jeszcze. Podjęłam więc decyzję o zmianie całej mojej praktyki z tradycyjnej terapii psychologicznej i cotygodniowych sesji na bardziej grupową facylitację, pracę z energią, uzdrawianie energią i wchodzenie w systemy przekonań i ograniczenia wynikające z tego, co myślimy psychicznie i psychologicznie, co powoduje niedomagania i chorobę w ciele.

Ok, więc jak to wszystko wiąże się z pieniędzmi?

Cóż, musiałam zarobić więcej pieniędzy. Wyleczenie się kosztowało mnie około miliona dolarów. Byłam dość chora. Byłam w gabinecie naturopaty prawdopodobnie dwa lub trzy razy w tygodniu, osiem godzin dziennie, poddając się testom na to i tamto. Zastrzyki, kroplówki, wszystko. W tym samym czasie podróżowałam do instytutu, aby uzyskać tytuł magistra - ponieważ oczywiście potrzebowałam kolejnego stopnia.

Ale przez cały czas widziałam, jak ten rachunek rośnie, a mój budżet maleje. Widziałam, jak dom i ziemia, które chciałam zbudować, plan i wszystko, co zaplanowałam na swoje życie, zaczęło się rozpadać w wieku 30 lat. Myślałam, że to koniec.

A potem nadszedł prawdziwy koniec... Zero.

Być może wiesz, o czym mówię.

Moje saldo bankowe, tak.

Osiągnęłam punkt "zero" i byłam przerażona. Dorastałam w Nowym Jorku. Mój ojciec ciężko pracował, gdy zajmował się nieruchomościami. Skończyliśmy college. Zawsze mieliśmy pracę. Zawsze pracowaliśmy. Zawsze mieliśmy własne pieniądze. Zawsze się uczyliśmy. Nauczył nas jak oszczędzać, co robić, wszystkie te rzeczy.

Nie znałam pojęcia "zero"... nigdy.

Pracowałam od dziewiątego roku życia. Uwielbiałam roznosić gazety. Moja mama miała drewniane kombi, którym nas woziła. W każdym razie to była zabawa. I uwielbiałam Boże Narodzenie. No wiesz, świąteczne napiwki.

Uwielbiam zapach pieniędzy. Uwielbiam smak pieniędzy. Dosłownie czuję ich smak i zapach. Podczas wakacji w college'u pracowałam w banku; w każdy piątek wchodziliśmy do skarbca. Siedziałam tam i po prostu wąchałam i wdychałam pieniądze.

Mój ojciec był przedsiębiorcą. Ja jestem przedsiębiorcą. Nie pracowałam dla nikogo, odkąd skończyłam 20 lat. Powiedział mi, gdy byłam bardzo młoda: "Lisa, to nie jest tylko męski świat. To także świat kobiet. Rób tylko to, co kochasz. Zawsze pracuj dla siebie. Bądź swoim własnym szefem i zarabiaj miliony".

Był biednym chłopakiem z Brooklynu. Otrzymał stypendium piłkarskie w college'u, a następnie poszedł do wojska i w ten sposób zdobył wykształcenie. Był irlandzkim imigrantem w drugim pokoleniu. Moja matka była włoską imigrantką w drugim pokoleniu. Ciężka praca była częścią kultury. Edukacja była częścią kultury. Wszyscy pracowali w Nowym Jorku, tego typu rzeczy.

W rzeczywistości pojechałam do Kalifornii i zamiast tego założyłam Birkenstocki, ale pieniądze były moją miłością. Miałam romans z pieniędzmi. Wiesz, jak pachną? Jak smakują? Coś w tym było. I naprawdę przypisuję to mojemu ojcu. Pokazał mi siłę zawierania umów, dotrzymywania słowa i współpracy z innymi.

Miał szesnaście lub siedemnaście różnych budynków mieszkalnych w jednym czasie. Moim zadaniem było liczenie pieniędzy i układanie ich w stosy na stole w jego biurze na dole w piwnicy. Nie chciałam robić nic innego. Nie chciałam iść nigdzie indziej. Ludzie mogą się bawić. Mogą się przebierać. Mogą iść do centrum handlowego, robić, co chcą, ale ja chciałam być przy pieniądzach. Chciałem je poczuć, posmakować. Gdybym mogła się nimi otoczyć, zrobiłabym to.

Potem skończyłam trzydzieści lat i miałam zero na koncie bankowym.

Gdzie miałam żyć, jeśli tak dalej pójdzie? Co miałam jeść? Co miałam powiedzieć matce? Jak miałam powiedzieć ojcu?

W szczególności, jak mogłam spojrzeć na siebie w lustrze? W tamtym momencie miałam tytuł magistra. Byłam koordynatorem terapeutycznym w ośrodku leczenia w Arizonie. Miałam to trochę poukładane.

Potem zachorowałam.

A kiedy się choruje, zmienia się cały świat.

Musiałam więc naprawdę spojrzeć na to "o" raz za razem - i naprawdę dokonać wyboru, ponieważ mogłam umrzeć.

Mogłam wrócić do domu, co by mnie zabiło, ale mogłam wrócić do domu.

Mogłam pójść do przyjaciela. Mogłam sprzedać wszystko.

Mogłam dalej chodzić do pracy. Mogłam pracować ciężej, ale ciężko było pracować będąc chorym.

Więc co miałam zrobić?

Wtedy zaczęłam pytać: "Ok, jak ktoś, kto jest tak zdrowy, nagle zachorował?". Musiałam nie być aż tak zdrowa. Choroba nie pojawia się z dnia na dzień. Diagnoza może pojawić się z dnia na dzień, ale choroba rozwija się przez lata i dekady. Właśnie wtedy i w ten sposób wszechświat dał mi znaki. W tym momencie wiedziałam, że muszę zmienić swoją rzeczywistość, w tym rzeczywistość finansową.

Istniały kłamstwa, według których żyłam, które w jakiś sposób tworzyły tę chorobę, urzeczywistniając się jako choroba w moim ciele - tak naprawdę punkt wyboru: żyć lub umrzeć. A wszystko to dlatego, że jedyna rzecz, której nigdy nie miałam, została mi odebrana.

Gdyby pieniądze nie zostały zabrane, a "zero" nie nadeszło, chcę, żebyś to zrozumiał: Nie posłuchałabym. Nadal żyłabym tak, jak żyłam, ponieważ nie było żadnego problemu, prawda?

Cóż, najwyraźniej pojawił się duży problem.

Szczerze mówiąc, miałam tendencję do gromadzenia pieniędzy. Przyznaję, że darzę je szczerą sympatią. Naprawdę. Wierzę, że kiedy posiadam i wydaję pieniądze, wpływam na świadomość czegoś.

Kiedy angażuję się w swoją pracę, cały świat ożywa - Indie, Hongkong, Tajwan, Hawaje, Kalifornia, Kolorado, Floryda i inne miejsca, w których prowadziłam zajęcia. Kiedy doświadczasz momentu świadomości, tego momentu "aha", to są te dobrze wydane pieniądze na sprowadzenie mnie tutaj. Przyczynia się to do wzrostu świadomości. Nawet nie wiem, co się stanie, ale w jakiś sposób powiększy to moje konto bankowe.

W rzeczywistości zwiększy mnie to na wszystkich poziomach: energetycznym, psychicznym, duchowym, psychologicznym, a także finansowym. Chcę tego wszystkiego. Ale nie chcę tego tylko dla siebie, chcę tego dla nas wszystkich.

Jak powiedziałam wcześniej, jesteście ludźmi, których potrzebujemy na tej Ziemi i od których wymagamy posiadania pieniędzy. Wymagam, abyście mieli pieniądze. Pragnę, abyście mieli pieniądze. Nie tylko po to, by je wydawać, ale by je mieć, by zmieniać świadomość na tej planecie, ponieważ mam większy cel niż ludzie, których widzę przez kilka godzin.

Moim celem jest wyeliminowanie i wykorzenienie wszelkich form nadużyć z tej planety i zapewnienie, że wszystkie jednostki mogą wybrać radykalne i orgazmiczne życie.

Czy wiesz, jak wiele nadużyć finansowych ma miejsce na tej planecie? Ilu z was było wykorzystywanych finansowo? Chociaż mój ojciec nauczył mnie tych wszystkich rzeczy, w mojej rodzinie panowało również wielkie kłamstwo.

Byłam dziecięcą modelką w Nowym Jorku i dochodziło do niewyobrażalnych czynów i wydarzeń, w których byłam zmuszona uczestniczyć w tak młodym wieku. Ludziom płacono za czyny, w których byłam zmuszona uczestniczyć, a mnie nie płacono.

Ale kosztowało mnie to wiele 30 lat później.

Nie musisz mieć ekstremalnej historii. Niektórzy z was będą rezonować z tym, co powiedziałam, a niektórzy nie będą mieli o tym pojęcia. Nie mówię: "Hej, chodź tutaj i przeżyj te doświadczenia".

Ale jeśli chodzi o pieniądze, to tak, chciałabym, żebyście wszyscy wykąpali się w pieniądzach. Nałóżcie je na siebie i owińcie się nimi. Właściwie to Wasza domowa zabawa: Zbierzcie jak najwięcej banknotów studolarowych lub pięćdziesięciodolarowych. Nałóżcie na nie trochę kleju i okryjcie się pieniędzmi.

Dobrze? Po prostu zrób to i baw się dobrze. Możesz zaprosić kogokolwiek chcesz. Miejmy nadzieję, że jeśli jesteś żonaty, będzie to osoba obok Ciebie, ale może chcesz kogoś innego obok siebie.

Chcesz zaprosić coś innego - o tym właśnie mówię - radykalnie, orgazmicznie, żywą rzeczywistość. Pieniądze nie muszą być tak ciężkim tematem. W mojej ekstremalnej sytuacji, uwierz mi, to nie była zabawa. Jednak tak to wygląda, gdy ktoś się odwróci i spojrzy, wejdzie i posprząta. Aby móc tu stać i myśleć, że mam coś do przekazania. Muszę się odwrócić i spojrzeć.

I wiesz co? W dzisiejszych czasach to tak, jakby mój ojciec dał mi prezent. Nauczył mnie, że w pieniądzach nie chodzi o płeć. Nie chodziło o to, skąd pochodzisz, jakie masz wykształcenie. Nie chodziło nawet o to, że trzeba ciężko pracować.

To był wybór bycia tym, kim się chciało być.

Mój ojciec ciężko pracował i ciężko grał. Byłam na większej liczbie Super Bowl i wydarzeń sportowych, niż mogłabym opisać. Mój ojciec był fanem Yankees, więc byliśmy tam w każdą środę, piątek i weekend. On był fanem New York Giants. W niedziele też tam bywaliśmy Hokej, New York Rangers, poniedziałek, środa, piątek. I ciągnął nas do Madison Square Garden, New York Knicks. To właśnie robiliśmy.

Powiedział wszystkim moim przyjaciołom. Mój brat, siostra i ja musieliśmy zaprosić po dwóch lub trzech przyjaciół z jego biletami. Wychodził na ulicę, by kupić miejsce na trybunie za 5 dolarów, by wszystkie jego dzieci i ich przyjaciele mogli chodzić na mecze. Niekoniecznie dlatego, że miał mnóstwo pieniędzy; po prostu tak postanowił żyć. Choć nie ma go już z nami, jestem mu dozgonnie wdzięczny za te chwile. W ciągu 25 lat mojej praktyki terapeutycznej na poziomie międzynarodowym, krajowym i lokalnym, nigdy nie spotkałam nikogo innego, kto byłby wychowywany w tak wyjątkowy sposób, jeśli chodzi o pieniądze. To niezwykła rzeczywistość.

Ale kiedy dopadła mnie choroba i znalazłam się na samym dnie, to odebrało mi ten blask, tę radość, ten zaraźliwy uśmiech, o którym często mówię - wszystko to zniknęło, gdy stanęłam w obliczu finansowego zera.

Mogłam poddać się byciu ofiarą, osobą walczącą z chorobą, zdesperowaną, porzucającą wszystko, bez chęci pomocy komukolwiek, nawet sobie. Mogłam całkowicie zrezygnować z życia.

Ale zdecydowałam się przyjąć życie, ponieważ niezależnie od naszych indywidualnych historii lub przeszłych doświadczeń, bez względu na to, jak trudne mogły one być, wciąż zachowujemy moc wyboru. Pytanie, przed którym stoimy, brzmi: czy zdecydujemy się żyć w rzeczywistości zdefiniowanej przez kłamstwa, czy w rzeczywistości zbudowanej na prawdzie? Czy skupimy się na obfitości czy na niedostatku? Którą rzeczywistość chcesz stworzyć?

Rozumiem, że może to brzmieć zbyt prosto. Zaufaj mi, rozumiem to, zwłaszcza gdy czujesz się uwięziony w ruchomych piaskach, uwięziony w kłamstwie. Fałsz wydaje się tak konkretny, że nieświadomie odtwarzasz go wielokrotnie. Kłamstwo krzepnie, sprawiając, że coraz trudniej jest wyobrazić sobie coś innego.Oto prawdziwe pytanie: Czy się uśmiechasz? Czy znajdujesz szczęście w kłamstwach o pieniądzach?

Jeśli nie, to poszukaj tej maleńkiej cząsteczki w swoim ciele, tej dziecięcej niewinności, którą zaszczepił we mnie mój ojciec - niewinności związanej z tworzeniem, biznesem, pracą, zabawą, radością i wyborem bycia własnym szefem. Niekoniecznie musisz być swoim własnym szefem, ale możesz przyjąć ten sposób myślenia, nawet jeśli pracujesz dla kogoś innego. Chodzi o to, by dostrzegać możliwości, zamiast skupiać się na ograniczeniach. Wszystko jest możliwe.

To rzut oka na moją historię, ale co z Twoimi kłamstwami na temat pieniędzy? Jakie wybory możesz odrzucać, jednocześnie akceptując kłamstwa finansowe, które sobie wmawiasz... kłamstwa, które aktywnie wybierasz? Jaki jest prawdziwy koszt uporczywej wiary w te kłamstwa finansowe? Co byś zrobił, gdybyś siedział przy komputerze tak jak ja tamtego dnia, wpatrując się w zero, panikując, planując plan B, strategię wyjścia?

Biorąc pod uwagę obecną sytuację finansową, jakich wyborów lub kreacji mógłbyś dokonać?

A oto moje ulubione kłamstwo - i pytanie - w czyjej rzeczywistości finansowej żyjesz?

Więc kiedy byłam na najniższym poziomie, musiałam zadać sobie pytanie: "Co kocham w byciu na zero? Co kocham w byciu w stanie dramatu i katastrofy? Co kocham w byciu chorą? Co kocham w umieraniu? Z czego umieram, by się wydostać? Na co jestem chora?"

Nie "Czy możesz zabrać mnie na kawę, bo nie mam pieniędzy i jestem naprawdę przerażona, a mój szefowa to suka, i nie mogę iść do rodziców, bo wiesz, że mnie nienawidzą i będą to wykorzystywać przez resztę mojego życia... i, i, i...".

Nic z tych rzeczy.

Aby naprawdę zrozumieć swoją sytuację, musisz zadać sobie pytanie: "Co robię, aby to stworzyć? Jakich wyborów dokonuję, które utrwalają te wzorce? Dlaczego angażuję się w zachowania, które sprawiają, że mam ochotę się poddać? Jak pozwalam się oszukiwać? Jakie działania podejmuję, które ograniczają mój potencjał?".

To badanie samego siebie jest trudną pracą, która prowadzi do kłamstw i samooszukiwania się. Narracje, które tworzymy, działają jak soczewki zabarwione zaprzeczeniem, chroniąc nas przed konfrontacją z prawdą. Często wolimy utrzymywać fasadę wyższości i mieć rację, niż zagłębiać się w rzeczywistość za zasłoną.

Osobiście cenię sobie konfrontację z prawdą. Chcę spojrzeć w lustro i uznać autentyczność, zamiast wymyślać narracje. Nawet gdy przyłapuję się na fabrykowaniu historii, przyjmuję je ze szczerością. Na przykład, gdy pojawia się złość, introspekcja, pytam: "Gdzie wykazałam podobne zachowanie?". Kiedy pojawia się osąd, zastanawiam się: "Gdzie doświadczyłam tego osądu?".

Staram się wykraczać poza te ograniczające konstrukcje, wykorzystując wyzwalacze na swoją korzyść i przekształcając je w możliwości rozwoju osobistego i finansowego. Później podzielę się kilkoma technikami, jak to osiągnąć.

Omawianie tych aspektów w moim cotygodniowym programie radiowym dla publiczności liczącej 205 000 osób na całym świecie wymagało odwagi. Pomimo moich referencji w społeczności zajmującej się zdrowiem, zwłaszcza w przypadku praktyk takich jak Theta Healing®, które obejmują pracę z kreatywną energią wszechświata, przyznaję, że przyjęcie niekonwencjonalnych podejść może być zniechęcające.

Pomimo posiadania licencji i tytułów w konwencjonalnej dziedzinie zdrowia, przyjmuję szerszą perspektywę. Te referencje, choć cenne, nie ograniczają mnie do ustrukturyzowanego pudełka. Zamiast tego służą jako atuty, przyciągając zainteresowanie globalnej publiczności i otwierając drzwi do współpracy i możliwości. Przesłaniem nie jest przechwalanie się, ale podkreślenie znaczenia wykorzystania wszelkich posiadanych umiejętności i aktywów na swoją korzyść.

Zasadniczo każdy posiada coś cennego. Chodzi o rozpoznanie i wykorzystanie tych unikalnych cech, aby stworzyć rzeczywistość wykraczającą poza ograniczenia.

Każdy z was jest czysty i genialny. Napisałam na ten temat pracę doktorską, więc wiem o tym. Nazywa się to odciskiem duszy, tak jak nasz odcisk palca jest unikalny dla każdego z nas. To jest Twój odcisk duszy. Każdy z Was ma unikalny odcisk duszy, który może odcisnąć na ustach rzeczywistości.

Tak się składa, że moja jest częścią tego, co tu dziś robię. Twoja jest tym, co robisz lub czym jesteś - lub tym, czego nie chcesz robić lub być - ale masz ją.

3

____

W CZYJEJ RZECZYWISTOŚCI FINANSOWEJ ŻYJESZ?

Jak więc stać się odpowiedzialnym za swoją rzeczywistość na każdym poziomie, od głębokiego umysłu po namacalny świat fizyczny, w którym żyjemy na co dzień? Możemy zacząć od umysłu. W rzeczywistości podczas moich warsztatów jedna z uczestniczek zadała to kluczowe pytanie. Powiedziała, *"Cóż, myślałam tylko o podświadomym problemie związanym z pieniędzmi, nie mówiąc, że mam problemy z pieniędzmi. Zawsze można zdobyć więcej pieniędzy, a ja mogłabym to zrobić z łatwością, więc zastanawiałam się, co mogłoby mnie powstrzymywać, nawet gdybym zadawała te pytania i tak dalej. Jak miałabym to zrobić?"*

Jej pytanie było fundamentalne, a odpowiedź leży w zadaniu sobie innego fundamentalnego pytania: W czyjej rzeczywistości finansowej żyjesz?

Zanim zadasz sobie to pytanie, zwróć uwagę, czy Twoje ciało jest lekkie czy ciężkie. Zaobserwuj zmianę, jaką to pytanie wywołuje w Twoim ciele.

Kiedy zadawałam te pytania podczas moich warsztatów, uczestnicy mieli unikalne odpowiedzi.

"Ok, więc w czyjej rzeczywistości finansowej żyjesz?"

"Mojego wujka".

"Mojego rodzica"

"Mojego ojca"

"Mojego talentu"

Wraz z odpowiedziami każdy z nich poczuł zmianę w swojej energii. Niektórzy czuli się cieplej, inni chłodniej, niektórzy czuli się lżej, inni ciężej. Był to pokój pełen zmian energetycznych; tak potężne może być jedno pytanie.

Tak więc, mój czytelniku, w czyjej rzeczywistości finansowej żyjesz?

Zidentyfikuj, co to u Ciebie wywołuje i spróbuj odróżnić prawdę od kłamstwa (kłamstw). Kłamstwa, które zostały utkane przez otaczający nas świat, przez nasze systemy szkolne, nasze matki, ojców i szefów. Kłamstwa te w dużym stopniu wpływają na kształtowanie naszej rzeczywistości finansowej.

Tak więc, jeśli Twoja rzeczywistość finansowa jest Twoja, świetnie. Ale wszędzie tam, gdzie Twoja rzeczywistość finansowa ma limit lub ograniczenie, to wszystko, co możesz mieć i nic więcej. Tam, gdzie zdecydowałeś: "To jest moje. To jest moje. To jest moje. To jest moje. To jest moje. Jest moje. I to wszystko, czym może być".

Musimy jednak przełamać tę mentalność i wiesz dlaczego. Podczas moich warsztatów uczestnicy stwierdzili, że jest to ograniczające. Jeden z nich zauważył całkiem mądrze, *"Ograniczamy się, posiadając coś jako nasze, a to ogranicza do wszystkiego, czym może być i nic więcej...".*

I to prawda, to jest jak: "Nie ruszamy się. To jest moje i koniec". Cóż, wszystko, co jest Twoje i "to jest to", ma w sobie odrobinę wyższości. A wszystko, co ma w sobie wyższość, może wyglądać trochę jak Donald Trump.

Wiem, że brzmi to jak super osąd, ale chodzi o to, że Donald Trump miał miliony dolarów i je stracił. Miliony dolarów i je stracił. Miliony dolarów i je stracił. Nie, nie głosuję na Donalda Trumpa, kiedy to mówię. To jest miejsce, w którym się rozciągam i myślę: okej, nie lubię go, ale czego mogę się od niego nauczyć?

I myślę o jego biznesie. Nie znam go, ale myślę sobie: "Czego mogę się nauczyć od kogoś, kto nie aspiruje do tego, by być taki jak on, naśladować go czy nawet lubić na niego patrzeć. Czego mogę się od niego nauczyć? Jest coś, w czym jest genialny, jeśli chodzi o pieniądze i biznes".

Nie muszę mieć pieniędzy i być taka, ale mogę faktycznie otrzymać molekularnie i komórkowo coś, czego nie wiem. On jest w jakiś sposób lepszy ode mnie w kwestii pieniędzy, a ja chcę być lepsza dla siebie, abym mogła zmienić świat z mojej finansowej rzeczywistości.

Rzeczywistość finansowa każdego z nas może nas czegoś nauczyć. Jeśli chcesz mnie czegoś nauczyć, pozwolę na to i otrzymam to od Ciebie.

Lub jeśli kogoś nie lubisz, spójrz na to, gdzie się zamykasz i odpychasz. Czy wiesz, że każdy osąd, który otrzymujesz i każdy osąd, na który pozwalasz, zwiększa lub zmniejsza Twoje konto bankowe? Twoje osądy na temat siebie i innych pozwalają na przepływ pieniędzy lub go odrzucają. Wyobraź sobie, ile pieniędzy byś zyskał, gdybyś nie pozwolił ograniczającym osądom blokować przepływu energii, którą są pieniądze. Jednak wszyscy osądzamy rzeczy w ograniczający sposób.

Kiedy zapytałem uczestników moich warsztatów, jakie są ich osądy na swój temat, odpowiedzieli różnymi odpowiedziami, do których myślę, że wielu z nas może się odnieść.

"Myślę, że najbardziej okropny jestem dla siebie. Jestem naprawdę miły dla wszystkich innych, ale nie dla siebie, i to tam się otwiera".

"Nie jestem wystarczająco dobry".

"Stać mnie na więcej".

"Czuję się jak nieudacznik".

"Nie jestem wystarczająco dobry. Stać mnie na więcej i czasami trudno to powiedzieć".

Myśląc i dzieląc się tymi osądami na swój temat, uczestnicy faktycznie odkrywali kłamstwa, w które wierzyli. A to samo w sobie jest uwolnieniem somatycznym. Ty też możesz to zrobić i w jednej chwili zdać sobie sprawę z tego, jak ujawnia to Twoje wymysły i kłamstwa na swój temat, które w rzeczywistości powstrzymują Cię przed osiągnięciem prawdziwego potencjału, nawet finansowego.

Zastanawiając się nad przeszłymi doświadczeniami, przypominam sobie transformujący moment podczas warsztatów w Maui, kiedy poprowadziłam uczestnika, aby uznał swoją doskonałość w porażkach. Poprosiłam ich, aby powiedzieli: "Jestem najlepszy w ponoszeniu porażek", zamiast mówić: "Jestem porażką". Kontrast między deklaracją "Jestem najlepszy w ponoszeniu porażek" a samodestrukcyjną etykietą "Jestem porażką" podkreślił ich skłonność do wykorzystywania porażki jako tarczy, aby pozostać niepozornym. Stało się oczywiste, że wybór identyfikacji jako porażki służył celowi pozostania małym i uniknięcia widoczności.

Uczestnik przyznał, że bagatelizował dobroć swojego życia, obawiając się zazdrości ze strony innych. Uświadomił sobie, że ukrywając swoje prawdziwe uczucia i osiągnięcia, utrwalał kłamstwo, utrudniając nie tylko swoją autentyczną ekspresję, ale także ograniczając przepływ obfitości do swojego życia.

Zanim jednak pozwolisz innym przejąć kontrolę nad swoim życiem poprzez ich zazdrość, osądy, krytykę lub po prostu niepewność, pomyśl o mocy, którą TY posiadasz. Co jeśli to, co powiesz, zainspiruje kogoś do dokonania innego wyboru? Co jeśli to, że pokażesz się jako Ty, zainspiruje kogoś do dokonania innego wyboru? O ile więcej pieniędzy dzięki temu zarobisz i o ile więcej pieniędzy dasz im, jednocześnie szerząc obfitość na planecie?

Jesteście ludźmi, którzy mogą zmienić świat.

Jesteście ludźmi, w których rękach powinny znaleźć się pieniądze, ponieważ dzięki waszej świadomości zmienicie rzeczywistość na tej planecie. Zmiana o jeden stopień, której dokonacie teraz, czyli przejście od wymyślania i kłamstwa do prawdy otwierającej światło, zabawę i wolność, zmieni waszą rzeczywistość finansową.

Jak powiedział mój tata: "Bądź swoim własnym szefem. To nie jest tylko męski świat. To nie tylko świat kobiet. Rób to, co kochasz. Będziesz dla kogoś pracować, kochaj to. Chcesz być swoim własnym szefem? Bądź swoim własnym szefem".

Jaka jest więc jedna rzecz, którą możesz teraz wybrać, a na którą nigdy się nie zdecydowałeś? Co zdecydowałbyś się zrobić poza swoją strefą komfortu?

Zanim miałam pełną praktykę, nie miałam ani jednego klienta. Miałam biuro, więc szłam do biura i ustawiałam spotkania w kalendarzu. Nie było żadnych ludzi, a ja po prostu pisałam "Niesamowici klienci" w 60- lub 90-minutowym harmonogramie. Siedziałam w biurze przez ten czas, robiłam sobie przerwę po 60 lub 90 minutach, a następnie wracałam. Tworzyłam wizytówki, ulotki, pakiety lub dzwoniłam i mówiłam ludziom, czym się zajmuję.

Czasami odwiedzałam księgarnię, organizowałam warsztaty grupowe, brałam udział w innych zajęciach lub jeździłam na szkolenia. I za każdym razem, gdy ktoś do mnie dzwonił, wypełniałam slot imieniem i nazwiskiem tej osoby, co oznaczało sesję.

Po prostu szłam i szłam, ponieważ postanowiłam nie kupować kłamstwa, że jeśli tam wyjdę, ktoś poczuje się źle. Zamiast tego kupiłam prawdę, że jeśli tam wyjdę, ktoś inny tam wyjdzie. Coś zainspiruje ich do współpracy ze mną.

To jest wyjście poza kłamstwo.

Aby wyjść poza kłamstwo, musisz działać. Musisz to zrobić.

4

———

WHAT DOES MONEY WANT?

Pracuję z wieloma osobami, które handlują na rynkach finansowych. Zdarza się, że utkną oni w martwym punkcie i kontynuują tę samą transakcję. Nie chcą z niej zrezygnować lub przegrywają. Myślą, że to porażka, zamiast iść dalej. Prawda jest taka, że jeśli to nie działa i staje się ciężkie i gęste, musisz się ruszyć. Odetnij swoje straty i ruszaj. Oni to dostaną, a Ty zyskasz to w następnej chwili, gdzie indziej, ale nigdy nie pojawi się to tak, jak myślisz. Więc nie możesz używać głowy.

Kiedy Twój umysł jest zsynchronizowany z ciałem, doświadczasz większego poczucia wolności. W moim życiu osobistym i biznesie priorytetowo traktuję słuchanie. Zwracam uwagę na uczucie lekkości, ponieważ oznacza ono dla mnie właściwy kierunek. Jeśli coś wydaje mi się gęste, ciężkie lub zbyt skompli-

33

kowane i jeśli wielokrotnie napotykam na przeszkody, nie naciskam na nie uporczywie. Zamiast tego uznaję potrzebę ponownej oceny i zbadania alternatywnych ścieżek. Nie walę głową w mur.

Mówię: "Och, muszę zadać więcej pytań. Muszę iść gdzie indziej". Następnie pytam: "Kto lub co może od razu to ułatwić? Gdzie muszę się udać? Z kim muszę porozmawiać? Kto może mi pomóc? Jakich innych informacji potrzebuję? Kto ma te informacje?"

Nie wiem, jak to się dzieje, ale zawsze w jakiś sposób otrzymuję rozwiązanie. Dostaję e-mail lub wiadomość tekstową. Widzę coś na komputerze. Czytam coś w mailu lub rozmawiam z przyjacielem, który mówi: "Hej, ta osoba tego szuka" i to jest dokładnie to, czego potrzebuję. W ten sposób znalazłam kontrahentów dla mojej firmy.

Więc następnym razem, zamiast pytać, czy powinienem iść tu czy tam. Po prostu idź tam i zadaj więcej pytań. Po prostu potrzebujesz więcej informacji.

Pamiętaj, że Twoja firma jest własnym bytem; postępuj z nią tak, jak z inną osobą. Twoja firma ma cel i cele; musisz się z nimi komunikować. Mój biznes nazywa się Live Your Roar. Ma swój cel. Mam cel. Słucham go i gdziekolwiek się poruszam w moim biznesie, zawsze zadaję mu pytania.

Więc potrzebujesz więcej informacji, zaczynając właśnie tutaj. Zadaj sobie takie pytania jak:

Jakie inne informacje mogę tu dodać?

Kto posiada te informacje?

Gdzie mogę uzyskać te informacje?

Co mogę zrobić?

Zapytaj swoją firmę:

Co chciałbyś dzisiaj osiągnąć?

Jaki jest Twój cel?

Co wymaga mojej największej uwagi?

Gdzie mogę pomóc zarobić więcej pieniędzy?

Co muszę stworzyć, aby to zrobić?

Kogo muszę zatrudnić?

Z kim jeszcze muszę porozmawiać?

Gdzie muszę się udać?

Ile pieniędzy faktycznie potrzebuję?

. . .

Stworzenie silnej więzi zaufania z firmą i wzajemne poznanie się. To właśnie nazywam radykalną otwartością.

Istnieją cztery "C" (Choosing you, Committing to you, Collaborating with the universe) radykalnej otwartości: Wybór Ciebie, Zaangażowanie w Ciebie, Współpraca z wszechświatem, który spiskuje, aby Cię pobłogosławić, a następnie tworzenie z tego życia.

To są cztery założenia Ciebie i cztery założenia biznesu. Wybierz dla siebie, zaangażuj się w siebie. Współpracuj z wszechświatem, który spiskuje, aby cię pobłogosławić, a następnie twórz i idź razem.

Prowadzę audycję radiową o nazwie Poza Nadużyciami, Poza Terapią, Poza Wszystkim, prawda? Jesteśmy na antenie od dwóch i pół roku. W ciągu pierwszych 13 tygodni znaleźliśmy się w pierwszej trójce w pierwszej dziesiątce na Empowerment Channel i od samego początku utrzymujemy się w pierwszej piątce.

Słucham tego biznesu każdego dnia. Dziś rano wstałam, prowadziłam audycję radiową na żywo i słuchałam o tym biznesie.

Co tydzień muszę tworzyć program na żywo: nowe, oryginalne treści, opis programu, cytaty z mediów społecznościowych i tematy. Słucham i mówię: "Dobra, Ziemio, wszechświecie, świecie, 205 000 ludzi słuchających, o czym chcecie posłuchać?".

Bam.

Nie zachodzę w głowę i nie mówię: "Co muszę zrobić dla Voice America?". Pytam: "Jaka energia domaga się teraz, by o niej mówić?".

O co pyta cię biznes? Dosłownie, może to właśnie kręci Ci się w głowie - aby skontaktować się z tym, co jest teraz poza Tobą.

Twoja firma jest energią i bytem samym w sobie.

Pozwól jej szybować. Niech ryczy. Uwolnij swoją głowę od wyników i zajmij się możliwościami. Łatwo będzie przyciągnąć i urzeczywistnić ludzi, miejsca, sytuacje i wydarzenia, które będą współpracować w Twoim imieniu.

Co ciekawe, są chwile, kiedy z powodu naszych kłamstw dotyczących pieniędzy, nasze otoczenie działa przeciwko naszym celom. Stają się ograniczające. Podczas moich warsztatów jedna z uczestniczek stanęła przed tym samym dylematem. Kiedy więc mówiłam o tym, jak pozwolić naszemu biznesowi i pieniądzom szybować w górę, zadała pytanie opisujące jej sytuację.

Oto co powiedziała: *"To ma sens, gdy mówisz o tym, czy pieniądze cię lubią. Mam w głowie taki obraz związku, w którym pokazuję się seksownie w wodzie kolońskiej za 300 dolarów. Ale potem siadamy do rozmowy i jest tak: "Och, nadal to robisz? Twoja mama nadal taka jest? Czy nadal palisz papierosy?"*

Słysząc o jej sytuacji, zapytałam ją, czy ona i jej wizja oceniają się nawzajem. Więc osądzacie się nawzajem? Odpowiedziała:

"Nie wiem, czy to mnie osądza, ale to jest jak: "Kocham Cię, ale nie, jeśli nadal to robisz. To tak, jakbym Cię kochał, ale musisz pokazywać się tak i tak".

Było jasne, że jej miłość była uwikłana w oczekiwania i warunki. Była to miłość warunkowa, miłość, której nigdy nie zaakceptowalibyśmy w partnerze, ale z którą nie mamy nic przeciwko, jeśli chodzi o pieniądze.

Wtedy postanowiłam zbadać uczucia uczestniczki związane z kontrolą, wyższością i niechęcią do otrzymywania radości. Zaprzeczyła, że jest osobą kontrolującą i twierdziła, że jest wolna w innych aspektach. Zadałam jej więc kolejne ważne pytanie: "Co kochasz w tych warunkach?". I wtedy wszystko zaczęło się sypać; wspomniała, że jest to dla niej "sprawa wyższości".

Ten warunkowy związek, jaki miała z pieniędzmi, w rzeczywistości ograniczał jej radość, a mimo to wmawiała sobie kłamstwo, że czynią ją lepszą. A ona ograniczała swoją radość, odkąd skończyła siedem lat.

Ale kiedy odkryła kłamstwa, które sobie wmawiała i wykonała ćwiczenie oddechowe, byliśmy w stanie stworzyć fizjologiczną i psychologiczną zmianę o jeden stopień, której potrzebowała. Kiedy zrozumiała, że odsuwała od siebie radość od siódmego roku życia, postanowiła dokonać zmiany.

W ten sposób utrwalają się nasze kłamstwa dotyczące pieniędzy, prowadząc do wewnętrznych konfliktów i braku obfitości. A wszystko, czego potrzebujemy, to zmiana o jeden stopień.

5

———

MOC OSĄDZANIA

Ludzie, jesteśmy odważnymi istotami, ale pieniądze niekoniecznie są zabawnym tematem do dyskusji. Teraz, gdy podzieliłam się z Tobą kilkoma kłamstwami na temat pieniędzy, zobaczę, czy uda mi się trochę Cię pobudzić, a w pewnym momencie możesz się roześmiać i przywołać to, co naprawdę sprowadziło Cię tutaj, aby przeczytać tę książkę. Bycie dociekliwym w kwestii pieniędzy.

Po ponad dwudziestu latach pracy w zawodzie psychologa, prowadząc warsztaty lokalnie, w kraju i za granicą, nauczyłam się, że istnieją trzy powody, dla których ludzie przychodzą do osobistej pracy nad zmianą i transformacją:

1. Zdrowie - pojawia się kryzys.
2. Związek - zerwanie, separacja lub rozwód.
3. Pieniądze - trudności w biznesie lub brak wiązania końca z końcem.

Po jakimś czasie stałam się naprawdę dobra w pracy z ludźmi w obszarze relacji i zdrowia, włączając w to mnie samą. Ale ta cała sprawa z pieniędzmi wciąż gryzła mnie, moich klientów i cały świat. Postanowiłam się na tym skupić, aby zobaczyć, co jeszcze mogę wnieść do tego tematu, o którym ludzie prowadzą warsztaty i piszą książki.

Dla mojej osoby zajmującej się brandingiem było to trochę naciągane. Jeśli nie wiesz, czym jest osoba zajmująca się brandingiem, mówi Ci, gdzie trzymać swoją niszę, a następnie umieszcza Cię w pudełku - i powinieneś pozostać w nim i nie wychodzić poza nie.

Dla tych, którzy dopiero mnie poznają, to tak jak w "Dirty Dancing": "Nikt nie stawia Baby w kącie". Zdecydowanie nie da się mnie zamknąć w pudełku; nie ma pudełka, które by do mnie pasowało.

Kiedy zaczęłam zajmować się tematem pieniędzy, prowadziłam warsztaty, telekonferencje, mój program radiowy Voice America, a także sesje indywidualne, sesje coachingowe i sesje VIP z ludźmi. Ale w tym samym czasie, kilka lat temu zmarł mój ojciec, a ja znalazłam się w trudnej sytuacji finansowej.

Zdałam sobie sprawę z mojej ślepoty na rzeczywistość pieniędzy i poczułam się jak szalona. Oto byłam, próbując dowiedzieć się, jak pomóc innym naprawić ich relacje z pieniędzmi, a jednocześnie byłam ślepa na własną rzeczywistość finansową.

Zaczęłam więc przyglądać się decyzjom, które podejmowałam w związku z pieniędzmi, temu, co sprawiałam, że pieniądze dla mnie znaczyły - jak sprawiałam, że były tak ważne, jak były moim Bogiem, jak były sposobem, w jaki otrzymywałam miłość lub jak czułam się ze sobą, gdy miałam pieniądze. Nie czułam się ze sobą dobrze, jeśli nie miałam pieniędzy.

I wtedy zaczęłam pytać: "Co jest poza tym?".

O co chodzi z tymi pieniędzmi, z którymi wszyscy mają jakieś problemy? Jest ich cała gama.

Miałam dużo pieniędzy i nie miałam ich wcale. I mam bardzo dużą społeczność ludzi z dużą ilością pieniędzy - i mają tyle samo problemów z pieniędzmi, co ludzie bez pieniędzy.

. . .

Nie ma znaczenia, czy nie masz nic, miliardy, miliony czy kwadryliony. Wciąż istnieją kwestie związane z tą rzeczą zwaną pieniędzmi - więc nikt od tego nie ucieknie.

Kiedy zmarł mój ojciec, zaczęłam się zastanawiać: "Co to jest? Jakie jest znaczenie tej rzeczy zwanej pieniędzmi, którą wszyscy decydują się nie cieszyć?".

A nawet jeśli się nimi cieszą, zawsze boją się: "Kiedy je stracę? Kiedy nie będę ich mieć?".

Istnieją różnego rodzaju syndromy - na przykład "uczta lub głód", "mentalność ciężkiej pracy/służby" lub "pracuj ciężko, to nie może być łatwe". Albo: "Jestem jak wieśniak i zawsze będę czyjąś własnością" i "Muszę pracować dla kogoś innego, bo nie mogę wyjść na swoje, bo jeśli wyjdę na swoje, to jak mam się sam utrzymać, czy pozwolić komuś innemu się utrzymać?".

Wszystko to dzieje się w tej rzeczywistości i działo się również we mnie.

Kiedy zmarł mój ojciec, dosłownie straciłam dostęp do wszystkiego. Wszystko zostało mi całkowicie odebrane i nie miałam już nic. Wiem, że pewnie zastanawiasz się, dlaczego w ogóle miałam dostęp do konta mojego ojca. Wyjaśnię to nieco później.

Pamiętam więc, jak stałam na stacji benzynowej i wkładałam kartę do dystrybutora, aby normalnie zatankować. Nigdy wcześniej nie musiałam się nad tym zastanawiać. Nie oznacza to, że nie miałam problemów z pieniędzmi lub brakiem funduszy w czasie mojego pobytu na tej planecie, ale w tamtym momencie nie było nic.

Pomyślałam: "Jak mam za to zapłacić? I jak będę żyć?".

Nigdy nie musiałam myśleć w ten sposób, ponieważ zawsze miałam ojca. Bardzo mi to ułatwiał i zawsze był kimś, kto pytał: "Co byś chciała?". Nigdy nie wiedziałam, kiedy to nadejdzie i zawsze był to rodzaj żartu: "W porządku, zejdę do piwnicy, wyciągnę prasę drukarską i będziesz miała to na swoim koncie". Był moim bankomatem, moją kartą debetową, na wiele sposobów - bez kodu PIN, bez hasła, po prostu poproś i odbierz.

To była najłatwiejsza rzecz, jakiej kiedykolwiek doświadczyłam, ale od kogoś innego. Rozumiecie to, prawda? To nie miało nic wspólnego ze mną; to było poza mną.

A kiedy odszedł, stałam tam na stacji benzynowej, myśląc: "Nie mam pojęcia, co to znaczy mieć pieniądze, co to naprawdę znaczy oszczędzać pieniądze lub planować przyszłość z pieniędzmi na poziomie, o którym wiedziałam, że naprawdę muszę, ponieważ wszystko było buforowane przez kogoś innego".

Czy byłam blisko mojego ojca? Czy mieszkaliśmy blisko siebie? Nie, był po drugiej stronie kraju. W rzeczywistości rzadko się widywaliśmy lub rozmawialiśmy przez telefon. Taka była relacja, a odległość była dość duża, ale to było w porządku. To było to, co robiliśmy.

Od najmłodszych lat powtarzał mi: "Lisa, to nie jest tylko męski świat. To także świat kobiet. Bądź swoim własnym szefem, rób to, co kochasz i nigdy nie osiadaj na laurach, zarabiaj własne pieniądze, bądź szczęśliwa".

Tak też zrobiłam, a on mi to ułatwił, choć nie oznacza to, że nie pracowałam ciężko od rana do wieczora. Kochałam i lubiłam to, co robiłam, pomagając ludziom.

Potem, szybko do przodu, jego śmierć dała mi do zrozumienia, że "Och, mogę prowadzić ludzi tylko tak daleko, jak sam zaszłam". To była ślepa uliczka, która nie została odkryta aż do tego momentu. Nawet nie wiedziałam, że był chory, a odszedł, gdy byłam za granicą, nie żegnając się z nim inaczej niż przez telefon komórkowy, co było idealne. To naprawdę piękna historia.

Chciał, żebym była tam, gdzie jestem, robiła to, co kocham, żyła swoim życiem. Nie musiałam tam być. Dla niektórych może to brzmieć jak usprawiedliwienie, ale dla mnie było to coś, co naprawdę wcieliłam w życie.

Jeśli wiesz cokolwiek o mojej historii, inne rzeczy dziejące się w domu nie były takie łatwe, więc miałam trochę uprawnień. To było jak: "Cholera, biorąc pod uwagę 2,5 dekady nadużyć i przemocy, których doświadczyłam w dzieciństwie, od seksualnych po finansowe, fizyczne, emocjonalne, psychiczne, energetyczne", mając odrobinę łatwości - ojca, który nie wymagał hasła ani kodu PIN do bankomatu - cóż...

Czułam, że na to zasłużyłam, biorąc pod uwagę to, co wycierpiałam.

Byłam naprawdę wdzięczna za to doświadczenie, ponieważ był przy mnie od samego początku, a potem, nawet po jego śmierci, powiedział mi w twarz: "Kiedy odejdę, kogo masz?".

I wtedy zdałam sobie sprawę, kogo mam; tak zmieniła się moja sytuacja finansowa.

Miałam siebie.

Wszystko zostało mi odebrane; każdy kawałek pieniędzy i dostęp do jakichkolwiek pieniędzy, które kiedykolwiek miałam w życiu dzięki mojemu ojcu, zostały całkowicie odebrane wraz z jego śmiercią. Stałam tam, nie mając dostępu do żadnej gotówki, żadnych kont bankowych, kart kredytowych, niczego. Tamtego dnia na stacji benzynowej wiedziałam, że mój ojciec odszedł i nie ma na tej planecie ani jednej osoby, na której mogłabym polegać, by pomogła mi finansowo.

Jedyną osobą, jedyną rzeczą, którą miałam, byłam ja sama - i musiałam zrobić coś zupełnie innego. To tutaj bezpośrednio zmierzyłam się z kłamstwami na temat pieniędzy - wszystkim, w co wierzyłam, osobowością, którą wokół nich stworzyłam, bezpieczeństwem, które rzekomo miałam dzięki nim - wszystko.

Nazywał mnie Li-li. "Jasne, Li-li, zejdę do piwnicy i pójdę do prasy drukarskiej, wydrukuję Ci trochę pieniędzy i będą na Twoim koncie".

Nigdy nie wiedziałam, kiedy nadejdą. Mogły to być dwa tygodnie, miesiąc, trzy miesiące lub następny dzień, ale zawsze widziałam je na moim koncie. Tak to z nimi działało.

Byłam w szoku, patrząc za siebie i myśląc: "Co to znaczy mieć własne plecy z pieniędzmi? Co to znaczy naprawdę, naprawdę mieć własne plecy i stanąć w świecie i nie polegać na nikim, nie rzutować na nikogo, nie ciągnąć od nikogo, nie ssać od nikogo, nie wiktymizować siebie, aby zdobyć pieniądze, nie bronić się przed autorytetem, nawet nie zgadzać się z tragedią lub traumą lub dramatem własnej historii? Ponieważ, uwierz mi, jeśli chcesz usiąść i porozmawiać o historii, to ja ją mam".

Pamiętam, jak pomyślałam: "Wow, to będzie pierwszy raz, kiedy ucieleśnię swoją finansową rzeczywistość".

Nie wiedziałam, że odejście mojego ojca nie pozostawi mi innego wyboru, jak tylko stanąć na własnych nogach - że to ja będę ucieleśnieniem mnie i poznam, jak to jest czuć, pachnieć i smakować, jak mieć własne plecy i całkowicie porzucić historię ofiary, historię traumy i dramatu, historię katastrofy.

Nie zdawałam sobie sprawy, że moje pełne przemocy dorastanie, dwie i pół do trzech dekad znęcania się, przez które przeszłam i cierpiałam, będzie świecącą latarnią, przez którą przejdą moje własne kłamstwa dotyczące pieniędzy i wyprowadzą mnie poza klatkę zniszczenia, śmierci i niedostatku, wydawania, ale nie posiadania, i zdobywania dużych pieniędzy, ponieważ zawsze zarabiałam dużo pieniędzy, ale nigdy nie pozwoliłam sobie ich zatrzymać.

Wszyscy inni byli ważniejsi.

Ludzie, którzy byli ze mną w związku, radzili sobie naprawdę dobrze. Zaufaj mi, wciąż pytają. Niedawno odmówiłam komuś po raz pierwszy od dłuższego czasu. Powiedziałam: "Nie, właśnie dałam Ci trochę pieniędzy. Oddaj mi te pieniądze w ramach planu płatności, a potem porozmawiamy". To mój nowojorski coming out. Ale właśnie tak się czuję, gdy mam własne plecy i mówię "tak", gdy faktycznie jest to "tak", a "nie", gdy jest to "nie".

6

———

MOJE POWSTANIE

Śmierć mojego ojca katapultowała mój biznes, moją istotę, moje ciało i pracę, którą zamierzałam wykonać na świecie, aby obudzić się finansowo, i nie wiedziałam, że po raz pierwszy uwolni mnie to od życia w mojej finansowej rzeczywistości.

To, co się rozwinęło, jest tym, co teraz nazywam klatką nadużyć, radykalną żywiołowością i mostem ułatwiającym osiągnięcie tej żywiołowości.

Klatka nadużyć jest tym, co nazywam '4 Ds': Denying, Defending, Disassociation, Disconnecting (Zaprzeczanie, Obrona, Dysocjacja, Odłączanie).

Czy w historii, którą Ci opowiedziałam, widzisz całe to zaprzeczenie, w którym żyłam z powodu tego, co mój ojciec tak naturalnie mi podarował? Obronę przed byciem i posiadaniem własnych pleców, odcięcie się od

pozwolenia sobie na posiadanie pieniędzy dla mnie, tak
jak na nie zasłużyłam i je
stworzyłam.

Wtedy byłam osobą, z którą
chciało się spędzać czas.
Kładłam na stole kilkaset
dolarów, a kiedy kończyły
się pieniądze, kładłam na
stole swoją kartę kredytową. Moi przyjaciele i ja
bawiliśmy się doskonale w każdy czwartek, piątek,
sobotę i niedzielę wieczorem. Czułam się taka hojna,
jak mój ojciec.

Wszystko to doprowadziło do całej tej klatki nadużyć
wokół pieniędzy, gdzie było to tak ograniczające, że
mogłam ciężko pracować, zarabiać dużo pieniędzy -
ale nigdy nie mogłam ich zatrzymać.

Miałam je tylko przez chwilę. To było jak syndrom
"objadania się i oczyszczania". Miałam tego dużo, a
potem mówiłam: "La-la-la-la-la-la-la", po czym nastę-
powało: "W porządku, teraz muszę zrobić to jeszcze
raz".

Uczta albo głód.

Zarabiałam i nie byłam całkowicie zależna od ojca, ale nie miałam żadnego wsparcia, jeśli chodzi o moje pieniądze. Nie miałam poczucia oszczędzania ani trzymania pieniędzy w kieszeni.

Przechodząc do radykalnej żywotności, obudziłam się na stacji benzynowej. Nie mogąc za nic zapłacić, pomyślałam: "Och, muszę wybrać dla siebie. Muszę zaangażować się w siebie i moją finansową rzeczywistość".

Gdzieś po drodze usłyszałam: "Proś, a otrzymasz". Tak więc, jak o tym myślę, Wszechświat spiskuje, by mnie pobłogosławić. To część "4 C": Zaangażuj się we mnie, Wybierz dla mnie, Wszechświat spiskuje, by mnie pobłogosławić i chce ze mną współpracować, a następnie Stwórz.

To właśnie nazywam radykalną otwartością, a przejście od klatki do radykalnej otwartości odbywa się za pomocą "4 Es" - dla ułatwienia – Embrace, Examine, Embody, and Expand (Obejmuj, Badaj, Ucieleśniaj i Rozwijaj się).

Obejmuj wszystko, co się dzieje, badaj z wytrwałością świadomości i prawdy. Pamiętaj, że możesz zabrać

siebie tylko tak daleko, jak
pozwolisz sobie pójść i zobaczyć, i możesz zabrać kogoś
innego tylko wtedy, gdy
pracujesz z innymi ludźmi
tak daleko, jak Ty zaszedłeś.
Oni nie mogą wyjść poza
Ciebie, jeśli Ty tego nie
zrobiłeś.

Jestem więc wdzięczna za wszystkie kłamstwa o pieniądzach, które pojawiły się w bardzo biednej, brooklyń-
skiej, pozbawionej wykształcenia, alkoholowej
rodzinie mojego ojca, a także za te, które zostały mi
podarowane po jego śmierci.

Do tego czasu nie wiedziałam, kim był. Mówił: "Nigdy
niczego nie miałem, wy macie wszystko, chcę zobaczyć,
jak to wykorzystujecie i być szczęśliwym, póki żyję". I
dokładnie to zrobił.

7

WIARA I RZECZYWISTOŚĆ

Czy wiesz, że Twoje przekonania tworzą również Twoje ciało i formę, w jakiej się ono znajduje? A czy wiesz, że Twoje przekonania tworzą również Twoją rzeczywistość finansową?

A może po prostu czujesz, że utknąłeś, jak buforujący ekran komputera? Zasadniczo, kiedy czujemy, że utknęliśmy, to nasz punkt widzenia utknął. Być może wykonałeś boczne ruchy i boczne zmiany, ale nigdy nie wyszedłeś poza to zwężenie i ograniczenie.

Stajesz się lepszy - ale nigdy ponad to.

Nazywa się to przetrwaniem i prosperowaniem, ale nigdy radykalnym życiem. Jak więc możemy się z tego wydostać?

Po raz kolejny, zmiana o jeden stopień to wszystko, czego szukamy.

A kiedy pomyślisz teraz i dostrzeżesz wszystkie osądy, decyzje, wnioski, obliczenia, konfiguracje, separacje, wojny, traumy, dramaty, katastrofy na całym świecie w odniesieniu do pieniędzy, zmiana o jeden stopień na tej planecie jest ogromna. Może obrócić świat wokół własnej osi.

Ilu z Was wierzy, że musicie ciężko pracować na swoje pieniądze, aby je zarobić? Ilu z Was wierzy, że nie ma w tym kłamstwa, że to absolutna prawda?

A teraz zastanów się nad tym: Ile z Twoich ciał naprawdę wierzy, że nie ma fałszu, że jest to niepodważalna rzeczywistość? Podczas gdy Twój umysł może przyznać, że zarabianie pieniędzy nie zawsze wymaga żmudnej pracy, Twoje ciało może nie być na tej samej stronie.

Czy uważasz, że pojęcie ciężkiej pracy dla pieniędzy jest wyłącznie konstruktem mentalnym, niezwiązanym z Twoim ciałem? Kiedy umysł i ciało mają sprzeczne przekonania, tworzy to konfliktową rzeczywistość.

Pozwól, że zadam Ci kilka pytań. Kiedy zadaję Ci pytania, zwróć uwagę na to, co dzieje się w Twoim ciele. Jeśli czujesz lekkość, ekspansywność i chłodną energię, jest to oznaka prawdy.

I odwrotnie, jeśli wyczuwasz gęstość, zwężenie lub Twoje myśli dryfują w kierunku planów po sesji i chęci szybkiego wyjścia, to być może odkrywasz to, co postrzegasz jako prawdę, ale w rzeczywistości jest fałszem. Gęste zwężenie oznacza kłamstwo, podczas gdy ekspansja, bąbelkowa energia i chłodna atmosfera wskazują na prawdę.

Tak więc, zgodnie z prawdą, czy przyznajesz, że masz sprzeczną rzeczywistość dotyczącą pieniędzy? Ta sprzeczna rzeczywistość jest kłamstwem, którego się trzymasz, a przestrzeganie kłamstwa utrwala jego istnienie.

Ilu z Was doświadczyło konfliktów dotyczących pieniędzy w swoich związkach z partnerami? To właśnie mam na myśli mówiąc o konfliktowej rzeczywistości. Przywiązanie Twojego ciała do kłamstw kształtuje Twoją sprzeczną rzeczywistość, ustanawiając rzeczywistość wibracyjną, która Cię ogranicza, tworząc narzuconą sobie klatkę wokół pieniędzy. Ten konstrukt, często mylony z kreacją, jest w rzeczywistości destrukcją i nie ma nic wspólnego z wyborem dla siebie, zaangażowaniem się w siebie lub współpracą z Wszechświatem, aby spiskować na Twoją korzyść.

Teraz zastanów się nad tym: Czy przekonanie, że pieniądze płyną w zależności od tego, czy jesteś dobry czy zły, czy też od poziomu wysiłku, jest w Tobie lekkie czy ciężkie? Zauważ wewnętrzny dysonans, chwiejność, zaprzeczanie, mechanizmy obronne, dysocjację i odłączenie. Uświadom sobie, że w tych ramach nie ma miejsca na wybór, tworząc iluzję wszechświata bez wyboru.

Zapewniam jednak, że nigdy nie jest to tak ograniczone, jak się wydaje. Twoje przekonania i unikalne perspektywy na temat wartości, dobra, zła, ciężkiej pracy lub jej braku nie są nieodłączne od Ciebie. Zgromadziłeś te konstrukty w tej rzeczywistości, przekształciłeś się w nie i oświadczyłeś: "To jestem ja.

Witaj w swojej finansowej rzeczywistości. Ja też to zrobiłam.

8

———

RZECZYWISTOŚĆ, W KTÓREJ DOCHODZI DO NADUŻYĆ FINANSOWYCH

Szczerze mówiąc, nawet pośród nadużyć - gwałtów, których doświadczyłam - nic nie jest tak przerażające, jak widok zera na koncie bankowym. Nie ma do kogo się zwrócić; kiedy but w końcu spadnie, kto będzie przy Tobie? To z natury przerażające miejsce.

Wierzę, że jest to prawdziwa epidemia naszej rzeczywistości. Nasze osądy, perspektywy i przymusowa rzeczywistość finansowa, psychologiczna i psychiczna, którą przyjmujemy, sprawiają, że jesteśmy chorzy, nieszczęśliwi i prowadzą nas do wyboru relacji - w tym mnie. To tak, jakbyśmy ciągle coś wlewali, bez końca wpłacali i nigdy nie robili postępów, ponieważ jesteśmy stale zobowiązani do skasowania tego biletu.

Więc kto jest prawdziwym sprawcą, rzeczywistość czy my?

59

Wszystko to jest sprawstwem w pewien sposób, chyba że dokonamy zmiany o jeden stopień z tych kłamstw. O jakich kłamstwach mówię?

Pierwszym z nich jest to, że pieniądze są dowodem na to, że masz rację lub się mylisz. Ilu z was wierzy, że bylibyście szczęśliwi, gdybyście mieli pieniądze? Z pewnością mógłbyś wierzyć, że byłbyś szczęśliwszy, gdybyś miał pieniądze, ponieważ pieniądze dają Ci więcej możliwości wyboru, prawda?

Ale prawda jest wręcz przeciwna. Jednym z kłamstw dotyczących pieniędzy, które mam nadzieję Ci przekazać, jest to, że to, co myślisz, nie jest tym, co tam projektujesz. To, co odczuwasz i ucieleśniasz jako gromadzący się pojemnik z badziewiem - który nazywasz kreacją - jest w rzeczywistości tym, co tworzy Twoje pieniądze i sytuację finansową, w przeciwieństwie do tego, co wiesz.

Wiem, że wszyscy jesteście genialni. Wiem, że wykonaliście wiele osobistej pracy. Wiem, że czytacie różne rzeczy. I wiem, że jesteście mądrzy - mieszkacie tutaj. Rozumiem to. Ja też tu mieszkałam.

I wszyscy trzymaliśmy się kłamstw takich jak poniższe:

Muszę udowodnić, że jestem coś wart i mogę to zrobić za pomocą pieniędzy.

Jestem kochany tylko wtedy, gdy mam pieniądze.

Jestem kochany tylko wtedy, gdy daję coś komuś innemu. Nikt nigdy nie pokocha mnie dla mnie samego.

Nigdy nie będę w stanie pozwolić sobie na niezależność finansową. Zawsze będę potrzebować kogoś innego.

Rodzina z dwoma dochodami jest lepsza niż rodzina z jednym dochodem.

To wszystko są kłamstwa, które Twoje ciało ucieleśnia i odzwierciedla w Twojej rzeczywistości. Podczas gdy Twój umysł patrzy na wszystko, co tu mówię i mówi "nie", Twoje ciało mówi "tak". Twój umysł mówi "Nie", a Twoje ciało mówi "Tak". Twój umysł mówi: "Kiedyś tak było", a Twoje ciało mówi: "Nadal tak jest".

Jednym ze sposobów, aby dowiedzieć się, czy masz tę konfliktową rzeczywistość, jest zadanie kilku pytań. Wyobraź sobie, że Twoje pieniądze postanowiłyby do Ciebie przemówić, co by Ci powiedziały? Pomyśl o tym. Kiedy pytałam o to na moich warsztatach, ludzie odpowiadali,

"Uważasz, że nie jestem wystarczający".

"Co jest do cholery".

"Nie musisz się o mnie martwić".

"Nigdy mnie do siebie nie dopuszczasz".

"Musisz mnie pielęgnować".

Ale jakie są te odpowiedzi? Czy nie powinniśmy mieć zdrowych relacji z pieniędzmi?

Ale jeśli otrzymujesz podobne odpowiedzi od swoich pieniędzy, to wiesz, że się myliłeś. Byłeś złym partnerem.

Jak bardzo się mylisz? Trochę źle, mega źle, czy megatonowy pudding mokka z tapioki z orzechem włoskim na wierzchu?

Ilu z Was do pewnego stopnia wierzy w swoją niewłaściwość? Dodatkowo, ile z Waszych ciał ucieleśnia to poczucie niesłuszności, tylko dlatego, że Wasz umysł tak je przekonał? Pamiętaj, że Twoje ciało jest niezwykle inteligentne, służąc jako organ zmysłowy do postrzegania, poznawania, bycia i otrzymywania, zdolności, które wielu z nas rzadko naprawdę ucieleśnia.

Potraktuj tę perspektywę jako "Poza" - świadomość, którą wyraziła: "Nie powinno mnie tu nawet być, tak bardzo się mylę". Ale pod tą powierzchnią wciąż szukamy, nie dotarliśmy jeszcze do sedna. Pozostaje w somnambulicznej rzeczywistości znieczulenia, odrętwienia, dysocjacji i głęboko zakopanej klatki. Jeśli jednak uda nam się dotrzeć do tego punktu, możemy go wydobyć.

Wymaga to jednak wyboru życia, wyboru przyjęcia własnej rzeczywistości finansowej, niezależnie od historii. Bez względu na pochodzenie, stan zdrowia, tragedie, traumy czy doświadczenia z przeszłości, nic nie jest w stanie pozbawić nas naszej wewnętrznej istoty. Żadne kłamstwo nie może.

Kiedy kupujemy te kłamstwa na swój temat i odpowiednio kształtujemy nasze życie, przesiąknięci poczuciem krzywdy, nieuchronnie rzutujemy je na innych. To jak postrzeganie świata przez okulary w kolorze osądu, koncepcja, którą zbadałam w programie Voice America zatytułowanym "Widzenie przez okulary w kolorze nadużycia".

Gdzie osądzasz siebie za pomocą pieniędzy, utrwalając rzeczywistość finansową, która nie ma nic wspólnego z istotą Twojej istoty? Niezależnie od tego, czy jest to związane z przodkami, rodzicami, osobistą historią czy nieszczęściami z dzieciństwa, mamy tendencję do trzymania się tych historii i kształtowania siebie na ich podobieństwo.

Rzucam Ci wyzwanie, abyś wyrwał się z tego cyklu i stał się osobą, która może gromadzić bogactwo. Wy, osoby tu obecne, macie moc, by zmienić tę rzeczywistość, jeśli pozwolicie sobie ją posiąść - i ja włączam siebie do tego stwierdzenia. Nigdy nie pozwoliłam sobie na posiadanie tego, czego teraz doświadczam.

Jednak posiadanie stało się dla mnie najgłębszym ucieleśnieniem uzdrowienia. Jest to trudne do wyrażenia, ale posiadanie - bycie mną, bycie Tobą, angażowanie się w siebie, współpraca ze sobą, wybieranie siebie i tworzenie z tej przestrzeni - to jest prawda.

9

———

PIENIĄDZE TWORZĄ, OSĄD NISZCZY

Kiedy mój ojciec zajął się nieruchomościami i foreclosures w Nowym Jorku, moja praca polegała na siedzeniu z nim w piwnicy, gdzie miał swoje biuro. Miał 16 mieszkań, domów, które kupił, wielorodzinnych jednostek, z przerzucania domów.

Zebraliśmy czynsz i były stosy pieniędzy. Używaliśmy starych kalkulatorów i zielonych podkładek, zanim pojawił się komputer. Siadałam tam i wkładałam pieniądze do ust. Czułam ich zapach i były trochę brudne, ale uwielbiałem to.

Potem dostałam pracę w banku i w każdy piątek wszyscy prawnicy przychodzili i układali w stosy świeże, czyste banknoty 100 dolarowe, dlatego uwielbiam banknoty 100 dolarowe. Mówiłam: "Tak, podejdź do mojego stanowiska kasjerskiego. Chcę policzyć Twoje 100-dolarowe banknoty".

Miałam to zauroczenie i romans z rzeczywistością finansową, która po prostu mnie uszczęśliwiała. Uwielbiałam je liczyć i organizować. Zaglądałam do portfeli wszystkich moich przyjaciół i upewniałam się, że mają uporządkowane pieniądze: jedynki, piątki, dziesiątki, dwudziestki, pięćdziesiątki, setki.

Znam ludzi, którzy po prostu mieliby to w gdzieś. Nie mogę tego znieść. Powiedziałabym im: "Co robisz ze swoimi pieniędzmi, traktuj je lepiej, kochaj je, a przyjdą do Ciebie?".

Jestem trochę OCD, jak sądzę, ale to coś dla mnie znaczyło. Z pieniędzmi wiązał się dla mnie radosny taniec molekuły. Uwielbiałam siedzieć w skarbcu w banku i uwielbiałam, gdy przyjeżdżał Brinks. Za każdym razem, gdy jeździli samochodem, myślałam: "Tak! Do jakiego banku jadą?". Miałam po prostu obsesję. Nie wiem, co Wy robiliście jako dzieci, ale ja podążałam za pieniędzmi.

Pieniądze przychodzą na imprezę szczęścia.

Nie przychodzą na imprezę depresji, zwężenia i radości.

I uwierz mi, kiedy wiele lat temu zachorowałam na chorobę zagrażającą życiu, a endokrynolog powiedział: "Zabij to, bierz leki do końca życia lub każ mi usunąć Twój organ", powiedziałam: "Musi być inny wybór".

"Nie ma".

Pamiętasz, jak mówiłam Ci o tym, że nie można mnie zamknąć w pudełku? Nie mów mi, że nie ma innego wyboru, bo go znajdę.

I wtedy trafiłam do instytutu zwanego Theta Healing® Institute i spędziłam tam 3 miesiące. W ciągu 3 miesięcy uzyskałam tytuł magistra Theta Healing®, a w ciągu 3 tygodni nie miałam już choroby.

Powiedział mi, że nie ma ani jednej rzeczy, którą mogłabym zrobić poza lekami, operacją usunięcia lub czymkolwiek innym, co mi powiedział - i wyleczyłam to wszystko energetycznie.

Wykorzystałam każdy grosz, jaki miałam w tamtym czasie, aby dokonać holistycznego uzdrowienia dla siebie. Zrezygnowałam z domu, z emerytury, z czego-kolwiek, by dokonać tego wyboru. Wiedziałam, że mi się uda. Leczenie naturopatyczne kosztowało mnie około miliona dolarów. Ani uncji niczego farmaceu-tycznego i bez ubezpieczenia. Cóż, miałam ubezpiecze-nie, płaciłam za nie przez dziesięciolecia, ale kiedy nadszedł czas, nic nie pomogło z powodu mojego holistycznego wyboru.

Na szczęście miałam polisę ubezpieczeniową na wypadek inwalidztwa, którą założyła moja ciotka, i w ten sposób poszłam do Theta Healing® Institute i uzyskałam tytuł magistra w Theta Healing®. Niektórzy ludzie mówili: "O mój Boże, powinnaś zatrzymać te pieniądze, bo masz tyle długów". Pomyślałam: "To mnie uzdrowi i to będzie wszystko. Zamierzam użyć tych pieniędzy do tego".

Wykorzystaj swoje pieniądze do tworzenia, a nie niszczenia. Osąd niszczy.

Myślałam, że po Theta Healing® Institute będę miała to już za sobą, ale kiedy kilka lat temu wylądowałam na Bali, nie wiedziałam, że pojawi się kolejny poziom "myślę, że skończyłam z życiem". Jechałam na Bali w celu dalszego uzdrawiania.

Odwróciłam się od wielu rzeczy, a także czułam, że rzeczy odwróciły się ode mnie bardzo wyraźnie. Więc kiedy tam wylądowałam, znów byłam w takim przygnębionym miejscu z wieloma rzeczami, nie tylko z pieniędzmi. "Jaki jest sens, jaki jest cel tego, tego, tego i tamtego?".

Byłem tam, leżąc na jednym ze stołów w chacie uzdrowiciela, jak w książce *Jedz, Módl się, Kochaj*. Zatrudnili specjalną osobę, która pracowała nad moim ciałem i dosłownie wyciągała te kłamstwa, które ucieleśniałam z mojego ciała. Zrobiłam na ten temat audycję radiową w Voice America zatytułowaną *The Shards of Abuse*. Wyciągnął je z mojego ciała, a mój umysł myślał: "O czym Ty mówisz? Nie widzę energii, nie widzę niczego takiego, o czym Ty mówisz?".

A potem mi go wręczył. W rzeczywistości był to odłamek.

Zajęło to jakieś 8 godzin. To było wszystko, co nosiłam w sobie na temat świata, stąd wiem o tych wszystkich kłamstwach dotyczących pieniędzy. Podczas tej 8-godzinnej sesji z tym uzdrowicielem, który wyciągał rzeczy z mojego ciała, byłem blisko i osobiście.

A potem, kiedy już to poczułam, mój zmysł psychiczny otworzył się jeszcze bardziej i mogłam zobaczyć energię, mogłam zobaczyć systemy wierzeń. Widziałam słowa i ludzi. Widziałam obrazy i moje dzieciństwo. Widziałam wiele rzeczy. "Nic dziwnego, że do cholery chcę umrzeć, rozumiem. Czy jest lepszy sposób niż Bali? To proste."

Cóż, stało się coś innego lub wybrałam coś innego.

W tamtej chwili powiedziałam: "Mam więcej życia do zrobienia, ponieważ to, co wychodzi z mojego ciała, to same kłamstwa. I nie ma mowy, żebym umarła z powodu kłamstw. Chcę do cholery żyć i zamierzam żyć na wielką skalę i zamierzam ROAR!".

I to właśnie postanowiłam zrobić i zmieniłam nazwę mojej firmy na Live Your ROAR® - Live Your Radically, Orgasmically Alive Reality zamiast The Beyond Abuse Revolution i The Beyond Abuse Movement.

Pomyślałam: "Przeżyłam to wszystko. A gdybym mogła przetrwać odłamki wychodzące z mojego ciała i jakiegoś starego dziadka biorącego nóż i wkładającego mi go w piersi, mówiąc: "Przepraszam, przepraszam, to tylko trochę zaboli, przepraszam, przepraszam, to tylko trochę zaboli, przepraszam, przepraszam, to tylko trochę zaboli" - To bolało, ale te kłamstwa bolały bardziej.

Ta gęstość, którą czujesz w swoim ciele, to kłamstwo, to nie jesteś Ty.

Ile kłamstw rzutujesz na swoje przepływy pieniężne?

Bo tego właśnie nauczyłam się na Bali.

Miałam problem z otrzymywaniem. Odmowa przyjmowania.

Zbojkotowałem to.

Śmiejesz się, bo wiem, że też to zrobiłeś.

Dosłownie dotarłam do punktu, w którym cierpiałam wystarczająco i umarłam wystarczająco, a potem zdecydowałam się mieć wszystko bez względu na wszystko. Bez względu na to, co musiałam stracić, bez względu na to, kogo musiałam stracić, bez względu na to, gdzie musiałam iść, bez względu na to, co musiałam zrobić, książki miały się ukazać, audycja radiowa miała stać się wirusowa.

Mam teraz 205 000 słuchaczy z 30 000. Pierwsza książka zostanie opublikowana, a potem będziemy pracować nad kolejnymi. I, i, i, i, i, i, i całkowicie - nawet, od wczoraj, zwalniając cały mój zespół, z którym pracowałam - 12 osób - dając im 30-dniowe wypowiedzenia i zaczynając od nowa.

Kiedy mówię, że mam to, mam to.

Idź na całość albo wracaj do domu, tak było na Bali.

Żyłem tym już wcześniej, ale kiedy masz otwarte oczy i widzisz wszystkie kłamstwa i dokonujesz tego wyboru, opatrzność też się porusza. Co zrobiłam? Wybrałam siebie, zaangażowałam się w siebie, współpracowałam z Wszechświatem, który spiskował, by mnie pobłogosławić i stworzyłam.

Żadna osoba nie jest za nic odpowiedzialna. Ani jedno złamane serce czy ktokolwiek, z kim byłam, nie miał nic wspólnego z czymkolwiek innym niż to, co wybrałam. Ani jeden problem, ani jeden gwałt, ani jedno nadużycie, ani jedna trudność z klientem, ani jedna sytuacja prawna, ani jedna sytuacja rodzinna, to nie miało znaczenia.

Nie obchodziło mnie, kogo straciłam ani co straciłam, nie zamierzałam już dłużej tracić siebie. Zamierzałam wybrać siebie. I nic już nigdy nie będzie takie jak wcześniej. Nic nie będzie miało w sobie projekcji, separacji, oczekiwania, urazy, odrzucenia, żalu. Moje ciało nie miało już cierpieć, mój umysł nie miał już podążać tą samą drogą, którą podążał.

Wszystko, co wybrałam do jedzenia po tej chwili, było inne. Wszystko, co wybrałam do picia, było inne. Wszystko, co włożyłam do mojego ciała, było inne. Każdy, z kim dzieliłam swoje ciało, był inny. Poważnie, wszystko było inne.

Jest pewne jedzenie, które zawsze było moją pozycją awaryjną i po prostu je uwielbiałam: pizza. W Kalifornii można dostać bezglutenową pizzę, ale trudno ją dostać w Teksasie. Możesz jednak dostać bezglutenową pizzę tutaj, w Good Earth. Mają najlepszą bezglutenową pizzę z grzybami, ale kiedy ją tam dzisiaj zobaczyłam, moje ciało powiedziało: "Zieloni".

To po prostu więcej wibracji, a kiedy już nie postrzegasz i nie przestrzegasz kłamstw, wibracja oczywiście się zmienia. A wtedy to, co przyciągasz, tworzysz, ustanawiasz i generujesz, zmienia i aktualizuje tę wibrację.

10

PRZEJMIJ KONTROLĘ

Ilu z Was unika przypływu pieniędzy, które moglibyście mieć, odmawiając bycia osądzanym w tej rzeczywistości? Wyobraź sobie, o ile więcej pieniędzy mogłoby do Ciebie napłynąć, gdybyś był otwarty na bycie ocenianym przez wszystkich i wszystko, nie pozwalając, by to na Ciebie wpłynęło. Chodzi o to, że kiedy aktywnie próbujesz chronić się przed osądem, możesz nieumyślnie stać się celem krytyki, utrudniając przepływ pieniędzy do swojego życia.

Dopóki jesteś chory i przygnębiony, jesteś celem osądu. Tak długo, jak pozostajesz ofiarą, nie wybierając swojej rzeczywistości, pozostajesz celem osądu. Tak długo, jak wskazujesz palcem na drugą stronę, jesteś celem osądu.

Kiedy zaczniesz wskazywać palcem, lepiej uwierz, że będzie ich 100 milionów, by Cię zabić.

Miałam ostatnio doświadczenie na zajęciach, gdzie moje ulotki leżały na stole, a kiedy wróciłam na następnej przerwie, wszystkie moje ulotki i wszystko o moich warsztatach zniknęło, całkowicie zniknęło, celowo.

W tamtym czasie kupiłam kłamstwo, że coś jest ze mną nie tak, że zrobiłam coś, co spowodowało, że ktoś chciał to zrobić - że to zrobiłam. A potem, kiedy z tego wyszłam, pomyślałam: "Wow, to, kim jestem, jest możliwą do osądzenia obrazą dla tej osoby, dla rzeczywistości tych ludzi".

Zdałam sobie sprawę, że największym kłamstwem, w jakim żyłam, jest to, że stworzyłam niektóre z tych rzeczy.

Czasami muszę zdać sobie sprawę, że to, co tworzę, w rzeczywistości tworzy więcej dla innych ludzi i nie jest to z mojej strony nic złego. To zdolność, którą nauczyłam się wykorzystywać. Nie domyśliłabym się tego, ponieważ nigdy nie pojawia się w sposób, w jaki myślisz, że się pojawi.

Oto pytanie, z którym Cię zostawię:

Ilekroć wpadniesz w zwężenie pieniędzy, klatkę, zadaj sobie pytanie: "Co to tworzy lub co to stworzy?".

Pozwól sobie to dostrzec.

Jeśli jest ciężkie, natychmiast to zmień. Jeśli jest lekkie, idź za tym i zdaj sobie sprawę, że cokolwiek wybierzesz, zawsze jest inny wybór 10 sekund później.

Nic nie stoi na przeszkodzie, aby mieć pieniądze, których pragniesz i potrzebujesz, aby żyć życiem swoich marzeń.

Czasami ludzie duchowi decydują się nie mieć pieniędzy. Ale żaden Bóg, którego znam, nigdy nie chciałby, abyśmy nie mieli wszystkiego, ponieważ my jesteśmy ludźmi, Wy jesteście ludźmi i czekają na Was ludzie, którzy mogliby naprawdę zmienić tę rzeczywistość, mając pieniądze.

Możesz je wydać w sposób, który świadomie zmieni tę rzeczywistość. Ludzie muszą słyszeć Twój głos, bez względu na to, na jakim etapie życia jesteś, bez względu na to, co robisz, a ta rzeczywistość funkcjonuje dzięki pieniądzom. Po prostu działa.

Możesz wybrać, jaki punkt widzenia i rzeczywistość chcesz stworzyć w zależności od tego, jak ta rzeczywistość funkcjonuje - a nie eliminować, umierać, odsuwać się, nie dołączać lub cierpieć. Radykalnie, orgazmicznie, żywa rzeczywistość staje się Twoim radykalnym sprzymierzeńcem, twoim orgazmicznym sprzymierzeńcem.

Stwórz żywą rzeczywistość za pomocą pieniędzy - podwójnie Cię ośmielam.

Bądź sobą, ponad wszystko i twórz magię.

11

―――――

ENERGIA PIENIĘDZY

Jednym z moich ulubionych sposobów omawiania oszustw jest wprowadzanie do rozmowy dużej ilości śmiechu. Podróżuję po całym świecie, pomagając osobom w przejściu przez traumę i tworzeniu po nadużyciach. Wymaga to pewnej lekkości i poczucia humoru, ponieważ bez tego proces ten może wydawać się gorzką pigułką do przełknięcia.

Aby rozpocząć ten rozdział, chciałabym Cię zapytać, czy byłbyś otwarty na to, aby pozwolić sobie na posiadanie tylko jednego procenta więcej pieniędzy lub gotówki niż kiedykolwiek wcześniej. Zastanów się teraz: Ile kosztuje Cię nie dokonanie tego wyboru? (Woreczki na wymiociny dostępne z tyłu).

Osobiście niedawno stanęłam przed kluczową decyzją dotyczącą mojej firmy i perspektywy zatrudnienia nowej firmy marketingowej. Sprowadzała się ona do wyboru między tym, czego nie robić, a tym, co naprawdę chciałam zrobić. Wybór tego drugiego oznaczał odejście znacznej liczby osób w mojej firmie, ale byłam rozdarta, ponieważ lubiłam tych ludzi i zainwestowałam wiele wysiłku w ich pracę.

Poświęć chwilę na refleksję w lustrze: Gdzie znalazłeś się w podobnej sytuacji?

Często sprowadza się to do braku pieniędzy lub gotówki. Wtedy pojawiają się kolejne usprawiedliwienia: "Nie jestem wystarczająco dobry. Nie zasługuję na to. Mogę kogoś skrzywdzić". Tworzymy te narracje, te kłamstwa.

Ale co by było, gdybyśmy zdecydowali się na wybór, który prowadzi do wszystkiego, czego pragniemy, ten, który jest lżejszy i prawdziwszy, w przeciwieństwie do kłamstwa, które jest cięższe i gęstsze?

Dlaczego w tej rzeczywistości skłaniamy się ku kłamstwom, gęstości i ciężkości? Tworzymy te fałsze i ożywiamy je, tylko po to, by zastanawiać się, dlaczego czasami odczuwamy potrzebę izolowania się lub żywimy urazę do innych.

. . .

Mówiąc z własnego doświadczenia, napisałam swoją rozprawę doktorską na temat koncepcji zwanej "odciskiem duszy". Nasz odcisk duszy jest podobny do naszego odcisku palca - unikalnego znaku, który każdy z nas posiada. Wszyscy nosimy w sobie odrębną esencję, którą jesteśmy tutaj, aby odcisnąć na tkaninie rzeczywistości.

To, co robisz, to Twój wyjątkowy wkład. Niezależnie od tego, czy jesteś prawnikiem, pielęgniarką, facylitatorem, akupunkturzystą, artystą audiowizualnym, masażystą, rodzicem, inwestorem, nauczycielem czy policjantem - to Twój odcisk. Każdy z Was posiada coś wyjątkowego, co przychodzi Wam bez wysiłku, coś, co kochacie. Jednak z różnych powodów możesz odłożyć to na bok i podążać inną ścieżką.

Objęcie swojej duszy, pozwolenie sobie na jej pełne ucieleśnienie, otwiera drzwi do łatwości, pieniędzy, radości, spełnienia, zdrowia, bogactwa i życia pełnego zabawy i możliwości. Wejście w swoje autentyczne "ja" może odblokować prawdopodobieństwo bardziej satysfakcjonującej i dostatniej egzystencji.

Przejdźmy do tematu otrzymywania, w szczególności energii, jaką są pieniądze. Moje własne pochodzenie obejmuje dorastanie w brutalnym i agresywnym domu, w którym w młodym wieku zostałam wepchnięta w modelowanie pornografii dziecięcej. To doświadczenie dało mi wgląd w nadużycia finansowe i frustrację związaną z ciężką pracą bez czerpania korzyści finansowych. Rozumiem, jak to jest żywić urazę do pieniędzy, nie ufać ludziom wokół mnie, w tym członkom rodziny, instytucjom i organizacjom. Stać, przebierać się, robić zdjęcia, uśmiechać się - a jednak nie otrzymywać należnego wynagrodzenia, ale coś zupełnie innego, mrocznego i ukrytego za kulisami.

Now, consider this question: Who are you in relation to money, to cash?

To, co odkryłam na temat kłamstw, które wmawiamy sobie w odniesieniu do pieniędzy, to fakt, że koncentrują się one wokół dwóch głównych kłamstw: *kim jesteśmy dzięki pieniądzom i kim jesteśmy dzięki pieniądzom.* Energia, którą emanujemy, odgrywa znaczącą rolę, a w ramach tej energii tworzymy pewną rzeczywistość. Chodzi o rozpoznanie "kto" i "co".

Zastanów się nad tym: Jeśli jesteś "kim" i "czym", to czym nie jesteś? Sobą. Możesz jednak błędnie określić ten stan jako prawdziwy.

Energia obecna w tym momencie jest reprezentacją kłamstw, które ucieleśniamy. Odnoszę się do kłamstw, zarówno uznanych, jak i ukrytych, widocznych i niewidocznych. Niektórzy z Was mogą nie być w pełni świadomi "co" i "kto", ale odkrycie, na kim polegaliście w tworzeniu przepływów pieniężnych, może początkowo wywołać frustrację, a następnie głęboką wdzięczność.

12

———

KTO, CO I OSĄDY

Teraz przyjrzyjmy się trzeciemu kłamstwu: osądy, których nie chcesz przyjmować, utrudniają Twój finansowy dobrobyt. Może być kuszące, aby odrzucić to jako przytłaczające, zagłębiając się w "kto", "co" i osądy. Jeśli jednak miałabym podsumować kłamstwo pieniędzy, to składa się ono z "kto", "co" i osądu.

Twoja wartość własna nie jest powiązana z wartością netto.

Wielokrotnie podczas moich warsztatów przekonałam się, że rozpoznanie kłamstw, w które decydujemy się wierzyć i które urzeczywistniamy, naprawdę leży w nas. Potrzeba uwolnienia się od tych kłamstw, aby zobaczyć, co jest prawdą.

Jest tak wiele kłamstw, których ludzie nie chcą stracić,

by móc dokonać wyboru. Wszyscy to wiecie, ale i tak Wam powiem.

Ironia polega na tym, że jako istoty nieskończone, gotówka i pieniądze zapewniają nam wolność, wybór i możliwości. Dlaczego więc, pomimo tej świadomości, konsekwentnie narażamy się na stres, konflikty i niedostatek, zmuszając się do dokonywania wyborów między potrzebami takimi jak wakacje i emerytura? Z logicznego punktu widzenia nie ma to większego sensu.

Przyjrzyjmy się teraz tym kłamstwom: Kim jesteś dzięki pieniądzom? Kim jesteś dzięki pieniądzom? Osobno zajmiemy się osądami. Zrozum, że Twoja rzeczywistość finansowa jest kształtowana przez "kto", "co" i osądy, których nie chcesz uznać. Czy jesteś gotowy zmienić to choćby o jeden stopień?

Tylko jeden stopień.

Przejdźmy do tego, kto. Zdejmijmy z Ciebie kłamstwa.

Nie wiedziałeś, że idziesz do kliniki odchudzającej, prawda? Zamiast wejść w mój brzuch, musisz wyjść z mojego brzucha.

Wymyślę kilka lepszych żartów. Najpierw będę musiała wachlować się moimi studolarowymi banknotami. Pośmiejmy się z dysocjacyjnej fugi naszych przepływów pieniężnych, którą stworzyliśmy.

Pamiętam na przykład mojego ojca. Zwykle brał stos banknotów 100-dolarowych, około dwudziestu, i kładł je na ladzie przy bocznych drzwiach w domu mojego dzieciństwa dla mojej matki. Robił to co tydzień w poniedziałek, zanim wyszedł za drzwi.

Kiedy byłam dzieckiem, myślałam: "Cholera, tak".

Potem była moja matka... proszę o bębny... która była na niego wściekła, tak wściekła. Wydawało się to miłe - 2000 dolarów. Zostawiał je tylko po to, by jak najszybciej się stamtąd wydostać i nakarmić ją pieniędzmi. Brała te pieniądze i kazała nam kupować różne rzeczy. Czy kiedykolwiek o nie prosiliśmy? Czy ich chcieliśmy?

Nie zrobiłam tego, ponieważ jedną z tych rzeczy było 8 lub 10 tych głupich, przerażających lalek Cabbage Patch. Miały papiery adopcyjne czy coś takiego. To był wielki szał na początku lat 80-tych. Potem kładła je na górnej półce w moim pokoju, a ja wchodziłam do sypialni: "O mój Boże! Co to jest?" Ponieważ tego potrzebowaliśmy.

Potem trampki i ubrania dla mnie, mojego brata i siostry - po prostu wszystko - a potem to znikało.

Braliśmy udział w różnych zajęciach. Ponownie, nigdy nie proszeni, zmuszani do bycia w nich.

Cheerleading, nienawidziłam tego. Wciąż pamiętam ten doping. "S-U-K-C-E-S. W ten sposób zaklinamy sukces", czymkolwiek była drużyna. Nienawidziłam każdej minuty tego, tak jak nienawidziłam wstawania i modelowania.

Dla mnie pieniądze miały wiele różnych znaczeń. Oznaczały nadużycie. Oznaczały urazę. Oznaczały ucieczkę. Oznaczały ucieczkę. Oznaczały "FU". Oznaczało "dorwę Cię". Im więcej wydawała pieniędzy, tym więcej musiał dawać pieniędzy i tym więcej musiał odejść i pracować dla pieniędzy. A im bardziej odchodził i szedł do pracy za pieniądze - cóż, jak się okazało, stworzył kolejną rodzinę, którą wspierał, o czym dowiedzieliśmy się dopiero wiele lat później. To właśnie robił.

Może ja też, biorąc pod uwagę to, co się tam działo.

Była coraz bardziej urażona, coraz bardziej zła, coraz droższa, a cała ta uraza narastała między nimi.

Potem mówili sobie "kocham cię".

Oto jestem, małe dziecko, które ich obserwuje.

Nawiasem mówiąc, to wciąż jest "kto" - pierwsze kłamstwo o pieniądzach. Jest tego dużo.

Więc przychodzą i mówią: "Och, kocham cię". "Ja też cię kocham".

A ja patrzę na nich w stylu: "Tam dzieje się coś, co jest kłamstwem, ponieważ pod spodem jest brzuch śmierci i zniszczenia oraz szpikulce do lodu, pistolety, maczety i sierpy oraz III wojna światowa".

Musiałam wybrać, kim będę.

Jak wybrać jako dziecko między matką a ojcem?

Wybrałam najgorsze z nich i najlepsze z nich, tak jak robi się to w wieku 3, 4, 5, 10, 15 lub 20 lat.

Przede wszystkim nienawidziłam jej i wszystkiego, co wiązało się z pieniędzmi, tego, jaka była. Obwiniałam ją przez lata. Kochałam go, bo siedziałam z nim w piwnicy, pracowałam i zajmowałam się czynszem w jego apartamentowcach. On był zabawny, ona była wredna. A przynajmniej tak uważało dziecko we mnie.

Był księgowym z tytułem magistra w dziedzinie biznesu i nieruchomości, a we wczesnych latach 80. zajmował się budynkami mieszkalnymi i przejmowaniem przejętych nieruchomości w Nowym Jorku, New Jersey i na całym Hudson. Kupował 20-rodzinne budynki mieszkalne za 10 000 dolarów, ponieważ były one przejęte. Zarobił miliardy dolarów bez wykładania miliardów dolarów.

Moim zadaniem jako dziecka było siedzenie z nim w piwnicy. On miał swoje biurko. Ja miałam swoje biurko. Czułam się taka profesjonalna. I byłam z dala od niej. Poważnie.

Mówiłem: "Tak, tato!".

Uczyłam się też wielu innych rzeczy. Liczyłam pieniądze. Pamiętasz te zielone zeszyty i ołówki? Pamiętasz ołówki z gumkami? Te stare maszyny do dodawania i takie tam?

Dosłownie, w gotówce. To był biznes oparty wyłącznie na gotówce. Moja praca polegała na bilansowaniu wszystkich czynszów, liczeniu pieniędzy i porządkowaniu ich. Dlatego do dziś porządkuję swoje pieniądze. Przypisuję to jemu. Widać w tym miłość. Moje setki zostają z setkami. Wszystko jest w porządku. Nie mam problemów z kontrolą. Nie jestem OCD. Po prostu lubię mieć uporządkowane pieniądze. To właśnie robiłam jako dziecko.

Stosy i stosy pieniędzy... Lizałam je. Uwielbiałam je.

Uwielbiałam ich zapach. Uwielbiałam ich smak.

. . .

Pracowałam nawet w banku podczas wakacji na studiach, ponieważ kocham pieniądze. Uwielbiałam, gdy przyjeżdżały ciężarówki Brinks. Wchodziłam tam z nimi i bawiłam się klejnotami i pieniędzmi. Nauczyłam się tego od niego.

Ale stało się to polaryzacją na temat pieniędzy z powodu tego, co myślałam o mojej matce, co usłyszysz do przyszłego roku, jeśli zacznę. Ona była moim najlepszym źródłem moich najlepszych stand-upowych komediowych rzeczy w mojej facylitacji. Tak wiele się od niej nauczyłam.

Musiałam dostosować się do niego i zgodzić się z nim, jednocześnie opierając się i reagując na nią, a to stworzyło te wszystkie różne kłamstwa wokół pieniędzy. Musiałam urzeczywistniać to, co on mówił do mnie w jeden sposób, ale także to, kim ona była dla mnie w inny sposób.

A kiedy urzeczywistniasz rozbieżną rzeczywistość, nie otrzymujesz nic poza katastrofą i kryzysem.

A teraz "co". Kim jesteś, gdy jesteś społecznością - swoją matką, swoim ojcem, ukrywasz się, nie dzielisz się - wszystkie te rzeczy, o których rozmawialiśmy.

Kim jesteś? Prawdą.

Kim jesteś z pieniędzmi, kiedy żyjesz w "kto jest"? Żyjesz w "whoville", które jest "pooville".

Kim jesteś? Jesteś myślami i uczuciami wszystkich innych. A kiedy to się urzeczywistnia, co to jest?

To kłamstwo. To nieprawda.

To nie jesteś Ty.

Ale, dosłownie, kim jesteś, kiedy kłamiesz? Jak to się objawia? Kim jesteś?

Zmęczony. Skrępowany. To jest "co".

A więc jesteś "kim" - swoim tatą, swoją mamą, swoją społecznością, światem, prawda?

A teraz jesteś tym "co", które jest niewolnikiem, "nie mogę, nie chcę".

To "co" jest kłamstwem. A to "kto" nie jest nawet Twoje, ale Ty to urzeczywistniasz i żyjesz tym. Więc wtedy stajesz się niewolnikiem. Zwężeniem. Chorym. Chronicznym, zmęczonym. "Nieważne jak bardzo się staram... zrobiłam tak wiele... wszystko powinno się już zmienić. Wydałam tyle pieniędzy".

Wiesz, co się dzieje, gdy wierzysz? Zostawiasz swoje ciało za sobą.

Tak więc wszystkie "co jest" - ta zwężająca energia - dla której zaryzykowałbyś wszystko i zostawił swoje ciało za sobą, musi zostać zmieniona na dobre.

Ponieważ wiem, że kiedy wybieram dla siebie, poświęcam się sobie i współpracuję z wszechświatem, spiskując, by mnie pobłogosławił. Tworzę; dbam o wszystkich, w tym o siebie.

Ale w rzeczywistości jestem jeszcze mądrzejsza i wiem, kiedy ktoś mówi mi coś, co albo chce zmienić, albo po prostu mnie okłamuje.

Jeśli zdecydujesz się pomóc komuś bez jego wyraźnej prośby, istnieje ryzyko, że ta osoba może poczuć do Ciebie urazę. A wtedy ona przylgnie do Ciebie jak klej.

Tak więc cała ich nienawiść, wszystkie ich projekcje, całe ich oddzielenie, które zablokowałeś w swoim ciele, tworząc "kto" i "co" jako swoją rzeczywistość finansową, muszą zostać naprawione.

13

───────

GOTÓWKA KONTRA PIENIĄDZE

Czy kiedykolwiek zastanawiałeś się nad różnicą między tym, jak czujesz się z pieniędzmi, a tym, jak czujesz się z gotówką? Czy kiedykolwiek czułeś, że jedno jest bardziej gęste niż drugie?

Możesz odwrócić to tak, jak Ci pasuje, cokolwiek jest dla Ciebie odpowiednie i lekkie. Nie ma nic ustalonego w kamieniu.

Przeprowadziłem warsztaty - serię telekonferencji - zatytułowane *"Utrata Braku Przepływu Gotówki"*. W rzeczywistości spędziłam osiem tygodni tylko na gotówce, chociaż wiem, że gotówka to pieniądze.

Jest po prostu coś odrębnego i tak naprawdę nie mam na to bezpośredniej odpowiedzi. Mogę przedstawić mój interesujący punkt widzenia.

Wiem, że mam pieniądze w banku, emeryturę i inwestycje. Wiem też, że mam gotówkę. Ale gotówka, którą chciałabym mieć, byłaby w inny sposób niż moje pieniądze. Lubię mieć ją w portfelu, choć nie wszystkie pieniądze się w nim mieszczą.

Kiedy podróżuję, a robię to często na całym świecie, lubię mieć gotówkę i to dużo gotówki. Lubię zawsze wiedzieć, że na przykład, gdy jesteś w Indiach, a Twoja karta zostanie skradziona i nie możesz wrócić do Stanów, a oni nie wiedzą, że jesteś sobą, ponieważ Twój telefon komórkowy nie otrzymuje kodu, który muszą Ci wysłać, aby powiedzieć im, że jesteś sobą, a Ty nie masz pieniędzy i nie możesz nigdzie się z nimi dostać - to energia, w której nie chcę być.

I byłam w nim o jeden raz za dużo, a także widziałam zero na moim koncie bankowym o jeden raz za dużo.

Lubię więc mieć pieniądze i lubię mieć gotówkę. Lubię się nimi bawić. To mój interesujący punkt widzenia. I może być z tym związana cała masa kłamstw. Przypomina mi to moją warsztatową interakcję z uczestniczką. Kiedy opisywałam swoje poglądy na temat gotówki i pieniędzy, odpowiedziała z własną ciekawością.

Powiedziała: "Więc to jest naprawdę dobre. Dziękuję za wyjaśnienie, ponieważ to przenosi nas w inne miejsce.

Jeśli chodzi o gotówkę, to zdaję sobie sprawę, że pieniądze są wygodniejsze i bezpieczniejsze, ponieważ są prawie niematerialne. Gotówka jest namacalna i może dlatego, że tam, gdzie dorastałam, posiadanie takiej ilości gotówki przyciągało uwagę i można było zostać okradzionym w ten sposób. Pójście do banku i pobranie ogromnej ilości gotówki było przerażające".

"Gdzie dorastałaś?"

"W Wenezueli.

"Tak, znam to dobrze. Wenezuela, kraj dwóch zestawów książek. To, co pokazujesz i to, czego nikt nie wie".

"Powiedziawszy to, zastanawiam się, czy kryje się za tym kłamstwo, ponieważ czuję się dobrze z pieniędzmi, ale jeśli chodzi o gotówkę -"

"To JEST kłamstwo. Właśnie to powiedziałaś: "Gdybym wyłożyła gotówkę, zostałaby okradziona. Zostanie okradziona. A więc "kto" jest właśnie tam. To jest kłamstwo".

Żyła w kłamstwie, że gotówka jest zawsze okradana. Jak można sobie wyobrazić, musiało to przysporzyć jej wielu problemów.

Powiedzmy, że kłamstwo jest piastą koła, a Ty w nie wierzysz.

Musisz zdobyć szprychy koła, aby utrzymać to kłamstwo na miejscu. Następnie musisz umieścić wokół niego obręcz, aby utrzymać to koło w miejscu, a następnie gumę wokół niego, a potem musisz zrobić to ponownie po drugiej stronie.

Jesteś tak mocno związany ze swoim stałym punktem widzenia, że nic innego niż bycie okradzionym z gotówki nie może do Ciebie przyjść. Więc zamiast "Pieniądze przychodzą, pieniądze przychodzą, pieniądze przychodzą", to jest jak: "Okradnij mnie, okradnij mnie, okradnij mnie, proszę. Bierz ode mnie, bierz ode mnie, bierz ode mnie".

To jak: "Proś, a otrzymasz". Wszechświat spiskuje, by Ci błogosławić. Nie ma żadnej dyskryminacji między tym, co Ty dajesz, a tym, co on Ci daje. Daje Ci dokładnie to, o co prosisz.

Jeśli wierzysz, że ktoś Cię okłamuje, będziesz śledzić to kłamstwo. Jeśli wierzysz, że ktoś Cię okradnie, przyciągniesz tego złodzieja. Jeśli wierzysz, że musisz komuś pomóc i możesz zapewnić coś lepszego niż on sam może sobie zapewnić, to Twoje rzeczy zostaną skradzione lub objęte prawami autorskimi, cokolwiek.

To wszystko są stałe pozycje. I ograniczają Twój potencjał.

14

OSĄDY

Kiedy wyleczyłam się z zagrażającej życiu choroby za pomocą uzdrawiania energią i Theta Healing™ - tak bardzo bałam się, że komisje licencyjne zadzwonią do mnie i zabiorą mi licencję, ponieważ kładłam ręce na ludziach. To dość poważny wyrok. Przechodziłeś kiedyś przez taką weryfikację? Przeszłam ich kilka. To nie jest zabawne. Więc znajdź takie wyroki.

Weź tę energię, gdziekolwiek jej doświadczyłeś w związku z jakąkolwiek sytuacją w swoim życiu i dostrzeż, gdzie czujesz ją w swoim ciele. Teraz, przez chwilę, rozszerz swoją energię przestrzeni o milion mil, w górę, w dół, w lewo, w prawo, z przodu i z tyłu, wciąż postrzegając, gdzie ten osąd uderzył Cię w głowę lub ciało.

Cokolwiek to jest - Twój największy strach, Twoje największe zmartwienie - i gdziekolwiek to jest - wdychaj energię przez przód, przez tył, w prawo, w lewo, w górę przez stopy, w dół przez głowę.

Teraz stań się tak duży jak ziemia.

I coraz większy, wciąż postrzegając ten osąd.

Teraz wyciągnij ten osąd - "Jestem szalony, jesteś szalony, jesteś dupkiem, nie powinieneś robić tego, co robisz, nie zasługujesz na tę licencję, na tamtą licencję, jesteś narcystyczny, chcesz tylko moich pieniędzy, jesteś wariatem. Powinieneś zostać zastrzelony, zabity, okaleczony, torturowany, wypatroszony (to inne życie) - cokolwiek to jest, po prostu przeciągnij to przez siebie.

Teraz odwróć tę cząsteczkę, gdziekolwiek postrzegasz tę energię w swoim ciele, jeśli nadal tam jest. Zwróć ten osąd do nadawcy ze świadomością i powiedz mi, co zauważyłeś.

Lżejszy, bardziej ekspansywny, czy gęstszy i bardziej zwężający?

Po pierwsze, nie dałeś się zamknąć w osądzie. Po drugie, wziąłeś osąd i rozszerzyłeś go jako przestrzeń. Kiedy osąd i gęstość zostają zderzone z przestrzenią, gęstość uwalnia się, a przestrzeń zwycięża.

Większość z nas ogranicza się, broni i robi to, co Amerykanie, czyli spory sądowe. Idziemy do prawnika. Prawda? Ograniczamy się i bronimy.

Zamiast robić to z osądem, co jest nieodłączną rzeczą do zrobienia, wysadzamy to, rozszerzając się jako przestrzeń, przeciągając ją przez siebie, pytając swoje ciało, co jest poza nim i tworząc przestrzeń, która następnie daje Ci więcej opcji, więcej wyborów, więcej możliwości i nie tkwisz już w czyimś smolistym dziecku.

Rób to, co powiedziałam lub przez co Cię prowadzę, ponieważ otworzy to przestrzeń do wydostania się z kłamstwa "kto" i "co", w które się zamieniasz, zamiast rzeczywistości finansowej, która jest dla Ciebie prawdziwa.

Kiedy masz wybór i możliwości, tworzysz i generujesz, dodajesz.

Więc wszystkie osądy, których boisz się otrzymać, czy mógłbyś otrzymać ich trochę więcej, abyś mógł rzeczywiście otrzymać finansowy dobrobyt i obfitość, które są naprawdę twoje?

Tak długo, jak trzymasz się wyroków, ograniczasz ilość pieniędzy, które możesz mieć i ograniczasz ilość pieniędzy, które możesz otrzymać od ludzi. To naprawdę dziwna rzecz, więc to kolejne kłamstwo.

Kłamstwem jest to, że jeśli zablokujesz osądy, będziesz wolny.

Ale ja mówię, że jeśli otrzymasz osądy finansowe, będziesz miał więcej pieniędzy, więcej gotówki i więcej możliwości wyboru.

A co trzeba zrobić, by codziennie zarabiać sto milionów dolarów? Dlaczego używam słowa "sto milionów"? Ponieważ jest w tym tak wiele osądów i jest też tak wiele sposobów, że nie można nawet umieścić wokół tego żadnej formy, struktury czy znaczenia. Kiedy gęstość spotyka się z przestrzenią, gęstość rozprasza się. Kiedy przestrzeń spotyka się z gęstością, dominuje przestrzeń. Kiedy przestrzeń przeważa, pojawia się wybór, możliwość, wkład. Cha-ching, cha-ching, cha-ching.

Pieniądze przychodzą, pieniądze przychodzą, pieniądze przychodzą, pieniądze przychodzą.

Powiedz to ze mną: "Pieniądze przychodzą, pieniądze przychodzą, pieniądze przychodzą" i poczuj, jakie to dla Ciebie uczucie.

Oto Twoje zadanie:

Zapytaj: "Jaka jest moja rzeczywistość finansowa?". Zapisz to i przyklej do lustra, umieść w notatniku lub wypowiedz do dyktafonu.

Jeśli jesteś w "kto" lub "co" lub odmawiasz zobaczenia osądów, zadaj sobie pytanie: "Co to stworzy?". To to samo pytanie, ale dwie różne perspektywy.

Chcesz zaktualizować energię, przestrzeń i świadomość swojej rzeczywistości finansowej i chcesz oczyścić aktualizację "kto", "co" i odmowę przyjęcia osądów, abyś mógł faktycznie otrzymać swoją rzeczywistość finansową.

"Więc czym mogę być lub co mogę zrobić dzisiaj, aby natychmiast otrzymać moją finansową rzeczywistość?"

Musisz zdecydować się być sobą. Postawić na siebie. Zdecydować się na współpracę z wszechświatem, który spiskuje, by Cię pobłogosławić i zdecydować się na tworzenie.

Tak więc, ponownie, pytania brzmią:

Co to stworzy? Kim jestem?

Kim jestem?

Jakie kłamstwa kupuję?

Jeśli jest to część Twojej rzeczywistości finansowej, to przyjmuj osądy i wybieraj dla siebie, twórz dla siebie, współpracuj z wszechświatem spiskującym, by Cię pobłogosławić, a następnie zobowiązuj się do tego, co wiesz, że jest prawdą.

Pamiętaj, że jesteś nieskończoną istotą, która może tworzyć nieskończone możliwości.

Nigdy się nie ograniczaj. Nigdy się nie ograniczaj. Nigdy nie zamykaj się w klatce. Nigdy się nie niszcz.

I rób to, co kochasz w swojej autentycznej rzeczywistości finansowej.

15

LEKKI, PRAWDA I PRZESTRONNY

Chcę, abyś poświęcił chwilę i zauważył swoje ciało i umysł - jak odczuwasz i czujesz się, ponieważ po zakończeniu tego rozdziału możesz poczuć się inaczej, bardziej przestronnie.

Pozwól, że najpierw podzielę się krótką historią; to zabawna mała rzecz, którą robię na moich warsztatach. Często, podczas warsztatów na temat pieniędzy i wolności finansowej, na początku zajęć przynosiłem zwitek pieniędzy... ponieważ, cóż, było to zabawne. Okazało się, że naprawdę mam obsesję na punkcie banknotów studolarowych. Poświęcamy temu kawałkowi papieru tyle energii, prawda? Co więcej, fajnie jest mieć 14-karatowy złoty klips do pieniędzy, który trzyma je razem.

Mówię to, ponieważ wywołuje to tak wiele projekcji, osądów, lęków, pragnień i gniewu. A ja właśnie tym się zajmuję - rozmawianiem o tych wszystkich rzeczach nad czymś takim.

Przyniosłabym więc ten zwitek pieniędzy jako pierwszy, celowo. Chciałam sprawić, by ludzie spojrzeli na rzeczywistość pieniędzy, na to, czym one są fizycznie. I chcę, abyście wy, moi czytelnicy, zrobili to samo.

Ilu z was, w tym ja, zginało się, składało, okaleczało i zszywało, aby zarobić sto dolarów lub nawet dolara?

Dlatego właśnie musimy odkryć kłamstwa pieniędzy, ze względu na zakres, w jakim moglibyśmy się rozciągnąć, aby je zdobyć. Przynajmniej zasługujemy na to, by poznać prawdę.

Odkrywanie głęboko zakorzenionych kłamstw może być niezwykle potężne. Kiedy zaczęłam dowiadywać się, że mogę leczyć choroby zagrażające życiu bez leków, hospitalizacji, znieczulenia lub pomocy kogokolwiek innego niż ja i mój wybór, zdecydowałam, że jako coach, terapeuta i doktor psychologii, moi klienci muszą o tym wiedzieć.

Denerwowałam się tą drogą, ale nie miało to dla mnie znaczenia, ponieważ miałam chorobę. Leżałam na kanapie i nie mogłam z niej zejść. Wszystko mnie bolało.

Straciłam firmę, praktykę, emeryturę, oszczędności, dom - straciłam wszystko pod jednym względem.

Czy ktoś z Was był kiedyś w takiej sytuacji z pieniędzmi, że nie miał nic? Nikomu tego nie życzę, ale to prawdziwa historia.

Był taki czas w moim życiu, kiedy patrzyły na mnie same zera. Nie było się do kogo zwrócić, nie było nikogo, kogo mogłabym poprosić, nic mi nie pozostało i musiałam podjąć decyzję, że bez względu na wszystko, zmienię to, co nie pozwalało mi mieć pieniędzy, co nie pozwalało mi mieć pieniędzy.

Okazało się, że nie miało to nic wspólnego z niczym poza mną.

Wszystko miało związek z tym, co było we mnie i jakie były moje systemy przekonań.

Czym są te kłamstwa na temat pieniędzy, które mówią: "Musi być ze mną coś nie tak, że nie mogę mieć tego, co wszyscy inni?".

Cóż, prawda jest taka, że nie ma w tym nic złego. To tylko wybór.

Co takiego było we mnie, że nie mogłam mieć pieniędzy? Przecież zarobiłam mnóstwo pieniędzy. Mam wiele stopni naukowych, edukacji i szkoleń. Zawsze mogłam pracować. Zaczęłam od roznoszenia gazet, gdy miałam 8 lat i pracowałam w Dunkin' Donuts, robiąc pączki w wieku 14 lat.

Zawsze miałam pieniądze i pracowałam, ale nigdy nie było mi łatwo z pieniędzmi.

Zawsze zarabiałam każdą złotówkę, jaką kiedykolwiek wyłożyłam. Jeśli nie mogłam pracować, nie zarabiałam pieniędzy. Nauczyłam się tego bardzo wcześnie od mojego ojca, z wdzięcznością, choć później spowodowało to również pewne problemy.

Kiedy zmarł, byłam za granicą, w Australii. Nie wiedziałam nawet, że jest chory i że zostawił mnie jako wykonawcę testamentu. Nie miałam żadnego planu awaryjnego, a było to po chorobie zagrażającej życiu.

Moja pierwsza chwila z zerem, stojąc na stacji benzynowej, nie wiedząc, jak zdobyć paliwo jako osoba z licencją zawodową i wykształceniem, była dość trudna do przełknięcia. Dosłownie wytrzeszczyłam oczy, próbując wymyślić, co do cholery mam zrobić. Nigdy mi się to nie zdarzyło.

To, o czym mówię, może być ekstremalne dla niektórych z Was, ponieważ nie macie takiego doświadczenia.

Rozumiem to. Ale zawsze powtarzam praktykom, z którymi pracuję, że możesz uczyć i ułatwiać coś tylko tak daleko, jak sam zaszedłeś.

Pieniądze to coś, z czym się zmagałam - ale też coś, w czym odnosiłam sukcesy. I jest to coś, z czym wciąż się rozwijam, ponieważ nie mam jeszcze rozwiązanych wszystkich problemów finansowych, a mimo to jestem za postępem, a nie perfekcją.

Nie jestem w stu procentach ustawiona w sposób, w jaki chciałabym być ustawiona, ale mogę powiedzieć jedno: Zamierzam tam dotrzeć bez względu na wszystko - bez względu na to, co będę musiała stracić, bez względu na to, co będę musiała zamknąć, bez względu na to, co będę musiała wyłączyć, bez względu na to, gdzie będę musiała się przenieść, bez względu na to, co będę musiała zrobić, bez względu na to, która część świata mnie woła.

Zamierzam wybierać to, co jest jasne i właściwe oraz to, co działa najlepiej dla mnie finansowo, emocjonalnie, duchowo i fizycznie.

W ten sposób pieniądze przychodzą do mnie z prawdą i światłem.

Pieniądze przychodzą na imprezę zabawy. Pieniądze przychodzą do tego, co jest dla Ciebie jasne i właściwe. Pieniądze przychodzą, gdy żyjesz w zgodzie ze sobą. Pieniądze przychodzą, gdy jesteś autentyczny. Pieniądze przychodzą, gdy jesteś szczęśliwy.

Nigdy nie lubiłem słuchać ludzi, którzy mówią, że mają wszystko pod kontrolą. Tak naprawdę nie ufam, gdy mają to wszystko razem i wiedzą wszystko, albo byli tam i zrobili to. Nie ufam temu. Ufam autentycznej, prawdziwej historii.

Wszyscy mamy swoje sprawy. Wszyscy mamy bagaż.

Istnieją wszystkie te obszary życia - fizyczny, umysłowy, emocjonalny, duchowy, psychologiczny, psycho-somatyczny, psycho-energetyczny, psychiczny, relacyjny. Zawsze istnieją cztery lub pięć obszarów, które działają naprawdę dobrze, a następnie jeden, dwa lub trzy, które nie działają.

Dla mnie i dla wielu klientów, z którymi pracowałam, obszary, z którymi miałam największe trudności, to pieniądze, ciało, zdrowie i relacje.

Znam swoje szkielety i wiem, co jest w mojej szafie - nadużycia, których doświadczyłam - i codziennie mówię do 205 000 słuchaczy tygodniowo w moim programie Voice of America o wyjściu poza nadużycia, nadużycia finansowe, nadużycia seksualne, ograniczenia i ograniczenia do tego, co nazwałam radykalną żywotnością, co oznacza wybieranie dla Ciebie, angażowanie się w Ciebie, współpracę z wszechświatem spiskującym, by Cię pobłogosławić, a następnie tworzenie.

Dziś nic nie chowa się pod żadnym dywanem. Niczego się nie boję. Mogę stawić czoła wszystkiemu. Straciłam wszystko. Zyskałam to wszystko. Przeprowadziłam się. Zrezygnowałam z mojej praktyki. Odpuściłam biznes. Stworzyłam go ponownie. Zamknęłam go. Stworzyłam go ponownie.

Napisałam książki. Wydałam książki. Nie wydawałam książek.

Po prostu wybieram to, co jest dla mnie lekkie i właściwe, bez względu na traumę, bez względu na tragedię i bez względu na to, jaką mam historię.

Czy byłbyś skłonny zrezygnować z odrobiny swojej tragedii, traumy i historii, która w rzeczywistości urzeczywistnia to, że nie masz wszystkiego, czego pragniesz z pieniędzmi i chociaż możesz nie mieć wszystkiego, czego pragniesz ze swoim ciałem, związkami i biznesem? Może wystarczy przesunięcie o jeden stopień?

Nadal mamy resztę świata, z którą możemy rozmawiać, a jeśli chcesz mieć praktykę i chcesz, aby ludzie do

Ciebie przychodzili, nie możesz ich zrazić językiem, którego nie rozumieją, prawda?

Zmiana o jeden stopień to moja droga, więc obejmuję wszystkich - każdy może dokonać wyboru.

Bez względu na to, co robicie, nie znam Was wszystkich. Wierzę, że jesteście uzdrowicielami - praktykami, wykształconymi poszukiwaczami.

Mam naprawdę głębokie poczucie, że każdy z Was ma swój własny ROAR - fizyczne urzeczywistnienie własnego tsunami, wulkanu, trzęsienia ziemi - które żyje w Was i że urzeczywistniając swoją autentyczność, zmieniacie świat.

Co to wszystko ma wspólnego z pieniędzmi? Ma to związek z tym: Prawda, Lekki lub Ciężki.

Lekkie jest trochę bąbelkowe i ekspansywne, jak doskonały szampan. Wiesz, że bąbelki są dobre na górze.

Gęstość, ciężkość, jest jak zwijanie się w kłębek. Może czujesz to w jelitach. Jest zwężona. To ograniczenie. Możesz być trochę zmęczony lub mocno ziewać.

Oto moje pytanie do Ciebie, a następnie zdecyduj, jak się czujesz, Prawda, Lekki lub Ciężki.

Czy żyjesz w swojej finansowej rzeczywistości? Prawda? Lekki czy Ciężki?

Jeśli tak, to czy masz wszystko, czego pragniesz? Prawdę? Lekkość czy Ciężkość? Nie ma dobra ani zła.

Powtórzę teraz trzy podstawowe pytania, które stanowią esencję tej książki. Możesz ich używać przez cały czas, jeśli chodzi o pieniądze. Zapisz je sobie:

1. *Kim jesteś?*
2. *Czym jesteś?*
3. *Jakie kłamstwo kupujesz?*

Więc "Kim jesteś, czym jesteś i w jakie kłamstwo wierzysz?".

Bardzo proste...

To może nie wydawać się związane z pieniędzmi, gotówką czy czymkolwiek podobnym, ale mogę Ci powiedzieć, że dziś wieczorem zaczniesz coś widzieć - że to, co uważałeś za swoją rzeczywistość finansową, nie jest nią, a energia, którą wkładasz w swoją rzeczywistość finansową, nie jest nią. I zdemaskujesz kłamstwo, które uczyniłeś prawdą, ale nią nie jest.

W rzeczywistości zaczniesz zdejmować zasłonę, pelerynę, kostium, który nosiłeś na swoim koncie bankowym, w swoim biznesie, w swoich relacjach seksualnych, w swoim związku, w swoim rodzicielstwie, w swoich relacjach ze zwierzętami, w swoich relacjach z samochodami, w relacjach z Ziemią.

A kiedy zaczynasz odsłaniać płaszcz, wtedy zaczynasz odsłaniać siebie.

To wtedy, gdy ROAR, fizyczna aktualizacja dudnienia, trzęsienia ziemi, tsunami, wulkanu - tylko i wyłącznie Ciebie - zaczyna się pojawiać.

Wtedy też rusza opatrzność i rzeczy zaczynają iść po Twojej myśli.

To nie aniołowie parkingowi dają Ci miejsca parkingowe, moi przyjaciele.

To Ty stajesz się bardziej sobą.

Na przykład raz, po 90-dniowym okresie wypowiedzenia, zwolniłam wszystkich swoich pracowników. Każdą pojedynczą osobę. Było to największe ryzyko, jakie kiedykolwiek podjęłam, jeśli chodzi o mój biznes - ponieważ byłam czymś, co w biznesie nie działało. Próby nakłonienia ludzi do pracy dla mnie nie działały.

Była tam energia, którą byłam - to było jak gra telefoniczna. Mówiłam: "Wykonaj zadanie A", a ono stawało się czymś w języku mandaryńskim, rosyjskim i hiszpańskim, a kiedy wracało do mnie, mówili: "Proszę, zrobiłam to", a ja odpowiadałam: "Ale to nie jest dokładnie to, o co prosiłem".

To trochę ekstremalny przykład, ale najlepiej jak potrafię to wyjaśnić.

A potem pojawiła się ta inna energia wokół kłamstwa o sposobie, w jaki musiałam zarabiać pieniądze, czyli pracować na siebie do kości. Zauważ, co powiedziałam o moim ojcu na samym początku: pracuj naprawdę ciężko i nie miej żadnego luzu.

Zrobienie tego w 90 dni nie było czymś w rodzaju objadania się i oczyszczania. To było bardzo pragmatyczne w czasie. Mówiłam: "Zbliżamy się do 30 dni; oto, co musimy osiągnąć. Oto cel. Zróbmy to, ba da da da da da". To było jasne przez cały czas, ale muszę Ci powiedzieć, że jestem przerażona.

Absolutnie, całkowicie bezbronna.

Zostałam zapytana przez byłego mentora: "Ile kosztuje Cię ich utrzymanie? Ile kosztuje Cię utrzymanie pracowników?".

"Moje zdrowie, moje siwe włosy. Mam ich trochę więcej".

Wtedy powiedziałam: "Naprawdę chcę iść z tą inną firmą marketingową, która moim zdaniem może zabrać mnie tam, gdzie naprawdę chcę iść i co naprawdę chcę robić z książkami, programem certyfikacji i tym wszystkim, aby przejść traumę z tej planety".

Dzielę się tym z Wami, ponieważ właśnie to przeżywam.

Odmawiam życia w kłamstwie pieniędzy i odmawiam bycia niewolnikiem pieniędzy. Odmówiłam bycia niewolnikiem nadużyć, tak jak odmawiam bycia niewolnikiem czegokolwiek innego niż to, co jest jasne i słuszne oraz częścią mojej ROAR (Radically Orgasmically Alive Reality).

Czy wszyscy chcielibyście do mnie dołączyć? I porzućcie wszystko, co nie pozwala Wam żyć bardziej, wiedzieć więcej, być bardziej, otrzymywać więcej i postrzegać tego, kim naprawdę jesteście poza tą rzeczywistością i wnieść to do tej rzeczywistości.

Pozwól, że pokażę Ci, jak to wszystko działa, dzieląc się interakcją z jednego z moich warsztatów. Rozmawialiśmy o Kłamstwach Pieniędzy i czułam, jak energia w pokoju się zmienia. "Zauważ... czy robi się tu ciężej i gęściej, czy lżej i swobodniej?" zapytałam. Uczestnicy jednogłośnie odpowiedzieli: "Lżej".

Czując się zachęcona, zapytałam: "Czy masz coś, o co chciałbyś zapytać?".

Jedna z uczestniczek zawahała się, zanim się odezwała. "Rany, tyle rzeczy. Zacznijmy od mojej pracy. Zarabiam stawkę godzinową, a chciałabym pracować za dużą pensję i w końcu mieć własną firmę. Czuję się naprawdę, naprawdę wkurzona, że jestem tutaj, kiedy wiem, że mogę być tam".

"Więc kim jesteś, kiedy tu jesteś?" zapytałam, ciekawa energii, którą uosabiała.

"Moją mamą" - przyznała z poczuciem frustracji.

"A co kochasz w byciu mamą w swojej pracy? Co kochasz w codziennym chodzeniu do pracy z mamą? Robienie sobie przerw w pracy z mamą" - zapytałem, chcąc, aby zbadała leżącą u podstaw tego dynamikę.

"Jest do bani" - odpowiedziała z widocznym niezadowoleniem.

Następnie rozszerzyłam zapytanie, angażując innych. "A ilu z Was robi to samo ze swoimi mamami? Więc kim jesteś, swoją mamą? Co kochasz w byciu mamą?".

"To bezpieczne" - zaproponowała inna uczestniczka.

"Okej. Powiedz mi więc, co tak naprawdę jest bezpiecznego w noszeniu mamy przy sobie, jedzeniu dla niej, myśleniu z nią, dokonywaniu z nią wyborów dotyczących swoich spraw, kiedy chcesz być tam, ale zostajesz tutaj. Prawda. Jakie jest kłamstwo, według którego żyjesz?".

"Nie jestem wystarczająco dobra, dopóki tego nie mam" - wyznała uczestniczka, obnażając głęboko zakorzenione przekonanie.

"Nie jesteś wystarczająco dobra, by mieć to, czego ona chce. Nie jesteś wystarczająco dobra, by mieć to, czego chcesz". Prawda. Czy ktoś jeszcze chce zrezygnować z jednego procenta "nie jestem wystarczająco dobra, by mieć to, czego chcę?"? zapytałam, zachęcając innych do refleksji.

"Więc co kochasz w tym, że nie jesteś wystarczająco dobra, by mieć to, czego chcesz?" kontynuowałam.

"Nie muszę się tam wystawiać" - przyznała.

"A jeśli się ukrywasz i nie musisz się stawiać, to co jest w tym najlepszego, że ty i mama siedzicie za biurkiem z pensją za godzinę? I nigdy nie będziesz tam, gdzie chcesz być?".

"Możesz się ukryć" - przyznała.

"Wiem," współczułam. Wyczułam ciężar emocjonalny, który nosił.

"Wszystko, co robię, to łączenie się z jej energią, a słowa pochodzą z tego. Czuję ucisk w jej klatce piersiowej, a ona w pewnym sensie się zapada. Ale to właśnie robimy - dodałam, rozpoznając znajome wzorce. "Podejmuje decyzję o nieposiadaniu tego, czego chce, decydując się pozostać w związku z tym, kim jest jego matka. Myślisz, że to wpłynie na przepływ pieniędzy?".

"Tak" - odpowiedziała, uznając wpływ.

"Energetycznie? Czy Twoja mama lubiła pieniądze?"

"Nie".

"Czy Twoja mama lubiła swoją pracę?"

"Nie".

"Czy zostawała w pracy, kiedy nie chciała w niej być?".

"Mogłaby teraz przejść na emeryturę, ale tego nie robi" - powiedział uczestnik.

"Więc została w pracy, kiedy nie chciała w niej zostać?".

"Tak."

"Dokładnie. Czy Ty zostajesz w pracy, kiedy nie chcesz w niej zostać?".

"Tak - przyznała, dostrzegając analogię.

"Teraz, proszę, chyba że jest to dla Ciebie jasne i właściwe, nie odchodź stąd i nie rzucaj pracy, jeśli nie masz czegoś innego na miejscu, ponieważ myślę, że jest też sposób na bycie pragmatycznym". Ostrzegałam, rozumiejąc złożoność rzeczywistych decyzji.

Powiedziałam jej: "Twoja praca daje Ci pieniądze, ale Twój biznes i Twój ROAR są tam, gdzie naprawdę chcesz być - a to da Ci wszystko, łącznie z pieniędzmi. Większość z nas decyduje się zostać z powodu pieniędzy i zaniedbujemy naszą istotę, wybierając to, co Ty wybierasz".

Ta wspaniała osoba wybrała rzeczywistość finansową, która nie należała do niej. Niektórzy z Was nie chcą opuszczać swoich mam. Był taki film "Wyrzuć mamę z pociągu". Warto go obejrzeć.

Przez 15 lat prowadziłem w Kalifornii warsztaty o nazwie LEAP, co oznacza Life Empowerment Action Program. Pewnego dnia dostaliśmy dużą białą kartkę papieru i jeden z moich asystentów narysował na niej pieniądze. Kazałam każdemu wziąć czarny długopis i powiedziałam: "Zapisz wszystkie swoje przewidywania dotyczące pieniędzy - wszystkie swoje nienawiści, wszystkie swoje osądy".

Myślałam, że będą może trzy.

O mój Boże, nie widziałam już nawet pieniędzy.

Były tam najbardziej przerażające frazy, jakie kiedykolwiek widziałam - a dorastałem żyjąc w bardzo głośnym, żrącym środowisku.

Na przykład, *"Musisz zaprzedać duszę diabłu, żeby się wybić"*.

Jest to pewny sposób na odciągnięcie Cię od pieniędzy. Ale cały czas wybieramy to potajemnie.

Były tam rzeczy, których nie mogę tu powtórzyć, bo brzmiałoby to okropnie. Ale Ty już to wiesz - osądy, projekcje, separacje, oczekiwania, urazy, odrzucenia i żale związane z pieniędzmi były niezwykłe.

I pomyślałam sobie w tym momencie, że nic dziwnego, że nie mają wystarczająco dużo, że muszą ciężko pracować i bez względu na to, jak bardzo się starają, nigdy nie wychodzą z długów, że zawsze są zadłużeni.

Nic dziwnego, że byli w stanie zarabiać pieniądze, ale nigdy nie byli w stanie ich mieć, oszczędzać ani wydawać, że nigdy nie mogli wyjechać na wakacje i że musieli mieć trzy prace lub poślubić kogoś innego, kto dawał im pieniądze, ponieważ nie mogli żyć samodzielnie, albo musieli pożyczać pieniądze i nadal pożyczać pieniądze od rodziny, kart kredytowych lub instytucji i w kółko doprowadzać się do bankructwa.

Musisz wyrzucić ze swojego ciała mamę i tatę, całą kulturę, Watykan i jakikolwiek inny kościół, w który wierzysz, abyś mógł usłyszeć siebie.

To jest pytanie "Kim jestem?". A teraz "kim" jesteś?

Kiedy jesteś swoją mamą, pieniądze są korzeniem diabła wcielonego, "kim" jesteś? Jesteś przygnębionym, przestraszonym, sparaliżowanym, ograniczonym dzieciństwem przytrzymywanym przez kłamstwa, które uczyniłeś prawdą w byciu.

Skup się więc na przestrzeni, w której czujesz się lekki lub ciężki, ponieważ gdy przestrzeń spotyka się z gęstością, gęstość się rozprasza. Kiedy Twoje ciało odczuwa nieco więcej przestrzeni, nawet jeśli jest tam gęstość, skup się na przestrzeni.

Nie można zmienić kłamstwa. Możesz jedynie zmienić przestrzeń i prawdę.

Przestrzeń, prawda, jest lekkością wewnątrz Ciebie, więc skup się na cząsteczkach przestrzeni wewnątrz Ciebie i poproś je, aby obracały się i obracały, aż więcej Ciebie wejdzie do Ciebie.

Zobacz, jak robisz jeden stopień. To zmiana o jeden stopień, aby uzyskać taką przestrzeń. To jest sukces.

16

OPŁATA ZA TO

Współpraca z wszechświatem, który spiskuje, by Cię pobłogosławić, jest w rzeczywistości świadomością, że wszechświat Cię wspiera, ale nie możesz wiedzieć, że wszechświat Cię wspiera, dopóki Ty sam go nie wspierasz.

Ile osób próbowało Ci powiedzieć, że Cię wspierają, a Ty na to: "Nie ma mowy. Odejdź."

To dlatego, że nie wiesz, co to znaczy mieć własne plecy. Nikt z nas tak naprawdę tego nie wie, dopóki nie zaczniemy wybierać dla siebie, angażować się dla nas.

Jedynym sposobem, w jaki wiedziałam, jak istnieć na świecie, było to, że ktoś mnie pieprzył, dosłownie i w przenośni. Dużo pracy zajęło mi odkręcenie tego i rozpowszechnienie informacji, że na świecie są dobrzy ludzie, którzy nie chcą mnie wydymać.

Trudniejszą częścią było rozpowszechnianie informacji, że na świecie są ludzie, którzy nie dbają o mnie i chcieliby mnie przelecieć.

Trzeba być świadomym wszystkiego.

Nie wiem dlaczego, ale są ludzie, którzy mnie nie lubią. Nie wiesz, że są ludzie, którzy Cię nie lubią? Czy nie ma ludzi, których nie lubisz przy pierwszym spotkaniu i nie masz pojęcia dlaczego?

To jak to, co powiedział mój mały siostrzeniec, gdy mama próbowała zabrać go na słonia w cyrku, gdy miał cztery lata: "Nie dla mnie, mamusiu. Nie dla mnie".

Musiałam nauczyć się mieć własne plecy i to zmienić. Mój były mentor zawsze mówił mi: "Biorąc pod uwagę wszystko, przez co przeszłaś i nadużycia, przez które przeszłaś - wybrałaś i przeżyłaś - jak to jest, że jesteś taka miła i naprawdę troszczysz się o ludzi, i inwestujesz w ich zmianę, rozwój i transformację, tak samo jak w swoją własną?".

Pomyślałam: "Nie mam pojęcia. Czy nie wszyscy tacy są?".

Wtedy zaczęłam dostrzegać, że jest we mnie jakaś różnica. Nie twierdzę, że w każdym z Was nie ma różnic. I o to właśnie chodzi w Odcisku Duszy.

Odcisk duszy to nasz własny unikalny odcisk palca, unikalny charakter i kontur naszej duszy, nasz ROAR. Jeśli mielibyśmy mieć pracę, cel, czy jakkolwiek chcesz to nazwać, intencją jest uwolnienie tego ROAR, odcisku duszy na ustach tej rzeczywistości.

Mój ROAR jest tym, co robię z moimi zajęciami, praktyką, pisaniem, audycją radiową i przechodzeniem traumy poza planetę, wychodząc poza klatkę nadużyć, ograniczeń i ograniczeń do radykalnej żywotności. O to właśnie mi chodzi. Mówię o tym każdego dnia. Piszę o tym każdego dnia. Nie wiem, jakim cudem miałam ponad 100 audycji na ten temat w Voice of America, bo pomyślałabym, że jestem już znudzona, ale audycje wciąż powstają.

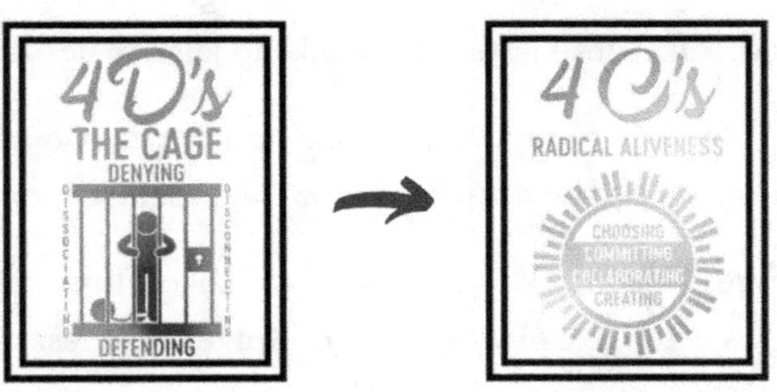

Tak wiele osób dzwoni do mnie, aby otrzymać pomoc. Niedawno zadzwoniła do mnie jedna kobieta z Arabii Saudyjskiej i musiała rozmawiać pod biurkiem na Skypie, ponieważ gdyby dowiedziano się, że zadaje pytania na ten temat, zostałaby zabita. Utrzymuję ten program na antenie dla innej takiej osoby, która może nigdy nie mieć szansy na powiedzenie tego, co jest dla niej prawdą, z wyjątkiem tej jednej chwili przestrzeni w Arabii Saudyjskiej. To mój odcisk duszy.

Nie wiem, co wszyscy zrobicie, ale coś się zmieni. Ludzie i rzeczy, w które inwestujesz i w które jesteś zaangażowany - Twoje dzieci, Twoja rodzina, Twoje przepływy pieniężne - zmienią się, ponieważ spojrzysz na to inaczej. Kiedy zobaczysz, że konto spada i poczujesz to znajome uczucie w swoim ciele, być może powiesz: "Kim jestem teraz?".

Cokolwiek to jest, co zmienia energię, budzi Cię i mówi: "Okej, jeśli jestem teraz taki, to jakie to uczucie?".

"Cóż, to dość okropne, niespokojne uczucie. Co mogę wybrać, co będzie dla mnie lżejsze i lepsze?".

Podnieść słuchawkę i zadzwonić do kogoś, umówić się na sesję lub cokolwiek innego. Sprzedać mieszkanie lub dom. Cokolwiek - masz pieniądze.

"Kim jestem, gdy pojawia się to znajome uczucie i spada stan konta bankowego?".

"Jaki jestem teraz?"

Zazwyczaj jest to żałosne. Zazwyczaj jesteś przestraszony, przytłoczony, zamknięty, gęsty.

"Okej, jak to służy temu, co tworzę? Czy to niszczy moje kreacje, czy je tworzy?".

Jeśli to nie tworzy Twoich kreacji, to dokonaj innego wyboru i zrób wszystko, co trzeba: wyjdź z domu, idź na spacer, wejdź na Ziemię, wsiądź na konia, wejdź na coś innego.

Cokolwiek musisz zrobić. Chodzi o działanie, a nie o myślenie. Chodzi o działanie z przestrzeni postrzegania i otrzymywania. Wtedy najlepszym pytaniem, jakie można zadać, jest: "Okej, to się dzieje. W jakie kłamstwo teraz wierzę, które uznałem za prawdziwe?".

A kiedy otrzymasz odpowiedź, jeśli jest ciężka, nie wierz w nią. To kłamstwo, ponieważ kłamstwa nie da się zmienić. Nie możesz zmienić ciężkości. Możesz się zmienić tylko poprzez robienie tego, co jest dla Ciebie lekkie i właściwe.

Za każdym razem podążaj za tym, co jest dla Ciebie lekkie. Światło rodzi światło.

Jestem z Tobą. Gwarantuję, że masz wgląd i wiele błyskotliwości do zaoferowania ludziom. I mówię, żebyś za to zapłacił.

Zapłać za to.

Gwarantuję, że możesz stworzyć coś własnymi rękami, czego nikt inny nie potrafi. I mówię, użyj tych pieniędzy z Twojej błyskotliwości, aby stworzyć więcej błyskotliwości, aby sprzedać więcej błyskotliwości, aby więcej błyskotliwości pojawiło się na świecie. Za każdym razem, gdy płynie, tworzy więcej. Ponieważ wkraczasz, by być swoim ROAR, a bycie sobą to robi.

Kiedy ktoś przychodzi do mnie i otwiera drzwi o jeden stopień, mogę pójść na całość. Mogę uratować najlepszych z nich. Jestem średnim dzieckiem. Wiem, jak sobie radzić. Wiele przeżyłam. Potrafię wiele znieść, więc przedstaw mi coś, nie ma problemu. Ale musiałam nauczyć się wycofywać swoją energię, poszerzać swoją przestrzeń, używać moich dwóch uszu, a kiedy ktoś przychodzi do indywidualnej pracy, mówię: "W porządku, kiedy stąd wyjdziesz, co chcesz tu zostawić, tylko na dziś?". Zazwyczaj odpowiadają: "Nie wiem".

"Cóż, płacisz mi. Co chcesz zrobić?"

I każę im wystąpić i powiedzieć, co chcieliby robić, abyśmy mogli następnie przejść do przestrzeni, która pozwala im wybierać więcej, co jest lekkością Ciebie.

Najważniejszą rzeczą dla Ciebie jest robienie tego, co kochasz, robienie tego, co jest dla Ciebie łatwe, otrzymywanie za to zapłaty, a następnie dalsze tworzenie - ponieważ to jest radykalna żywotność.

Kiedy żyjemy inaczej, jesteśmy martwi.

I nie wiem jak ty, ale martwy nie jest zabawny.

Zauważ, jak mało mówimy o pieniądzach w tym rozdziale, ponieważ to właśnie o nie chodzi. Problem z pieniędzmi tak naprawdę nie ma z nimi nic wspólnego. Ma on związek z kłamstwami, które kupiliśmy jako prawdziwe.

Jednakże, kiedy mówisz konkretnie o pieniądzach i masz ograniczenia związane z pieniędzmi lub próbujesz coś stworzyć, kim jesteś?

"Kim jestem, kiedy wybieram moją mamę i mojego tatę?"

"Jakie kłamstwo kupuję, które nazywam prawdą, a które sprawia, że wybieram przeciwko sobie? Teraz wiem, że to moja mama i tata, a nie ja".

To są najprostsze rzeczy, przez które mogę Ci powiedzieć, abyś przeszedł. To otworzy przestrzeń do wybrania innej możliwości.

Pytanie brzmi: czy byłbyś skłonny zrobić to dla siebie? O jeden stopień więcej?

Pieniądze to trudna sprawa.

W tej rzeczywistości panuje epidemia nadużyć; to norma tej rzeczywistości - niechęć do bycia nami.

Kłamstwa związane z pieniędzmi polegają tak naprawdę na konfrontacji: "Kim jestem, jaki jestem, jakie kłamstwo kupuję, które uważam za prawdziwe?". To nie jest praca dla słabych. To praca dla niegodziwego ROAR wewnątrz Ciebie, który mówi: "Koniec z tym. Nie warto się już za tym chować".

To właśnie powiedziałam, kiedy odwróciłam się i spojrzałam na wszystkie dziesięciolecia sprawstwa i całe to gówno, z którym musiałam się zmierzyć.

Nigdy więcej.

Nie zamierzałam być tego niewolnikiem.

I jeśli mogę pomóc jednej osobie dzięki temu, o czym mówię, to będę o tym mówiła. I zamierzam tam wyjść, ponieważ wielu innych ludzi takich jak ja też tam wyjdzie. W końcu o tym mówię. Widzą, że nie umrą, jeśli będą mówić to, co jest prawdą.

Ale chowamy się za naszymi głazami, naszymi systemami przekonań, naszym punktem widzenia, naszą matką i naszym ojcem, naszą pracą, naszym ubóstwem, naszym utknięciem, naszymi porażkami, naszymi tym i tamtym.

A my jesteśmy żałośni.

Jeśli to czytasz, nie ma w Tobie nic żałosnego. Jesteście ludźmi, którzy domagają się pieniędzy, ponieważ pieniądze w waszych rękach zmienią ten świat.

Pieniądze w waszych rękach przechylą świat wokół własnej osi, ale nie linie uskoku. A jeśli tak się stanie, to w porządku, ponieważ będziesz Ryczeć.

Bądź sobą, ponad wszystko i twórz magię!

17

____

PORZUĆ KŁAMSTWA

Pieniądze to bardzo ciężki temat dla ludzi. Wywołuje tak wiele śmieci i śmieci, negatywności i zniszczenia, blokad, ciężkości i strachu - w zasadzie wszystko pod słońcem. Ale właśnie dlatego zasługuje na dyskusję, tak samo jak zdrowie, seks czy związki. Pieniądze mają ogromny wpływ na nasze życie i mamy z nimi swoje unikalne problemy.

Dla mnie moim wyjątkowym problemem było to, że zawsze mogłam zarabiać pieniądze, ale nigdy nie mogłam pozwolić sobie na ich posiadanie, utrzymanie. Potem zaczęłam zauważać, że u moich klientów, którzy mieli ten sam "problem", istniał pewien wzorzec - potrafili tworzyć pieniądze, ale nigdy ich nie utrzymywali ani nie mieli.

Zaczęła obserwować i być świadkiem, jak ludzie, z którymi pracowałam, naprawdę wspaniali ludzie, ulegają temu guru, bogu, którego nazywali pieniędzmi.

Potem, jakiś czas temu, coś całkowicie się zmieniło, finansowo i energetycznie, a wiele rzeczy, o których tu mówiłam, po prostu zniknęło. Nawet nie wiem, co się stało.

To nie było jak rozstąpienie się mórz, Mojżesz i cała reszta. Po prostu wszystko się zmieniło.

Nie oznacza to, że jest idealnie i że nie mogę zrobić czegoś lepiej, ponieważ dla mnie zawsze się rozwijam, prawda? Zawsze robię coś lepiej.

Jeśli wyleczysz się z choroby zagrażającej życiu bez leków alopatycznych, coś na tym zyskasz. Ja coś na tym zyskałam i postawiłam wszystko na szali finansowej, aby to zrobić. To była najlepsza decyzja finansowa, jaką kiedykolwiek podjęłam, a nauczyłam się dzięki temu, że zawsze zarobisz więcej pieniędzy.

I tak się stało.

Konsekwentnie dostosowując się do tego, co wydaje się lekkie i właściwe, i wykonując kolejny krok, który się pojawia, naturalnie podążasz ścieżką prowadzoną przez pozytywną energię. To dostosowanie nie tylko kształtuje Twoje działania, ale także odzwierciedla to, co jest w Tobie. W rezultacie pieniądze mają tendencję do podążania za Tobą, ponieważ Twoje wewnętrzne dostosowanie i pozytywna energia tworzą środowisko sprzyjające przyciąganiu obfitości finansowej.

Jednakże, gdy moja energia rzeczywistości finansowej uległa zmianie, zauważyłam, że tak wiele osób, z którymi pracowałam i współpracowników, nie zmieniło się.

Jeśli nie rozumiesz nic z tego, co mówię, to w porządku. Doceniam to, że ludzie nie rozumieją, ponieważ kiedy rozumiesz, być może jedynie naśladujesz czyjś punkt widzenia.

A ja nie chcę, byś przyjmował czyjś punkt widzenia, ponieważ przez wiele dziesięcioleci wszyscy wcielaliśmy się i przyjmowaliśmy czyjś punkt widzenia, a następnie nazywaliśmy to naszą rzeczywistością.

Ponownie, ten rozdział będzie mówił mniej o pieniądzach i rzeczywistej gotówce, ale zamiast tego skupi się na wszystkim, czego faktycznie potrzebujesz, aby stworzyć swój "przepływ pieniędzy" - lub jego brak - na koncie bankowym, portfelu, inwestycjach, książeczce czekowej i w portfelu już teraz.

Wszystko, o czym będziemy mówić, jest tym, co urzeczywistnia się jako Twoja rzeczywistość finansowa.

Mój ojciec zawsze mówił mi o związkach. Mówił, że przeciwieństwa się przyciągają. To właśnie mam. I widzisz, jak nam to wyszło?". Mówił o swoim małżeństwie. Do tej pory wszyscy wiecie, że to był kolejny problem i poszłam na wiele terapii z tego powodu.

Dlatego zdobyłam dyplom z psychologii, aby móc zapobiegać takim sytuacjom u innych ludzi. Uczy Cię, co powinieneś robić w życiu w określony sposób.

Powiedział mi coś w stylu: "Naprawdę znajdź kogoś, z kim możesz współpracować, z kim możesz pracować, dążyć do czegoś i tworzyć coś razem. Ale nie wkładaj wszystkich swoich jaj w kogoś, kto stworzy Twoje życie".

Potraktowałam to, co mi wtedy powiedział, jako najlepszą edukację biznesową i finansową, jaką mogłam mieć.

Pamiętam moje wczesne dni w Nowym Jorku, kiedy patrzyłam, jak wszyscy idą na stację kolejową, ponieważ oczekiwano, że pójdę do pracy w mieście w Nowym Jorku. Oczekiwano, że będę codziennie wsiadała do pociągu i pracowała gdzieś w biznesie. Oczekiwano, że będę codziennie nosić garsonkę, zakładać trampki lub buty sportowe, a szpilki wkładać do teczki i iść do metra, by dostać się do miasta.

To właśnie miałam zrobić.

Pamiętam, jak patrzyłam na księżyc za oknem mojej sypialni i mówiłam: "Boże, cokolwiek zrobisz, nie pozwól mi żyć bezdusznym życiem".

Tak, trochę osądu.

Z powodu tego, co widziałam - wszyscy, którzy wchodzili na stację kolejową, mężczyźni i kobiety - nikt nie był szczęśliwy. Nikt nie miał uśmiechu na twarzy. Wszyscy wyglądali na opuszczonych.

W międzyczasie mój ojciec, w chwilach spędzonych w piwnicy, nauczył mnie, jak być naprawdę szczęśliwą i robić to, co kocham. Opuściłam więc Nowy Jork tak szybko, jak tylko mogłam i wyjechałam na zachód. Kiedy dotarłam do Kalifornii, wszyscy mówili: "Tak, jest piątek i poniedziałek. Pojeździjmy na rowerach. Jest wtorek i środa lub czwartek... pojeździjmy na rowerach. Chodźmy na wycieczkę."

Pomyślałam: "Czy ludzie nie chodzą do pociągu, nie jeżdżą do miasta i nie pracują cały dzień?". Nie, pracowali w dżinsach i szortach, zarabiali mnóstwo pieniędzy i mieli uśmiechy na twarzach, to byli moi ludzie, pomyślałam.

Te chwile z moim tatą były naprawdę ważne i to właśnie tam zaraziłam się miłością do pieniędzy. Ta miłość z chwil spędzonych z ojcem na temat pieniędzy zmieniła dla mnie wszystko.

W niektórych z tych lat było trochę walki, ale teraz, kiedy pamiętam te historie i energię mojej miłości do pieniędzy, w rzeczywistości tworzy to więcej pieniędzy, więcej biznesu, więcej zabawy, więcej radości, więcej komunii z ziemią, lepszy seks i szczęśliwszy związek w sobie - zdrowy związek w sobie i moim ciele.

Było więc coś w tych wczesnych chwilach, w wiedzy o tym, jak pieniądze się czują, pachną, smakują, a romans, który z nimi miałam, naprawdę był przełącznikiem, który włączył dla mnie kran z gotówką i kran z pieniędzmi. W przeciwnym razie nigdy bym o tym nie wiedziała.

18

WOLNOŚĆ PRZESTRONNOŚCI

Dlaczego proszę Cię, byś porzucił swoje kłamstwa o pieniądzach?

Ponieważ wszystko, w co wierzysz o kimś innym, a co nie jest Twoje, czynisz prawdą dla siebie, a potem nigdy nie możesz tego zmienić ani wyjść poza to, ponieważ nie jest to Twoje. Nie możesz zmienić czegoś, co nie jest Twoje.

Czy ktoś ma w swoim życiu coś, co się nie zmienia? Mam nadzieję, że od dziś będziesz pytać: "Czy to moje?".

Jeszcze raz: Czy to moje? Czy to moje przekonanie? Moja rzeczywistość?

Bo jeśli nie czujesz, że to jest lekkie, iskrzące, bąbelkowe i ekspansywne, gdy zadajesz pytanie: "Czy to jest moje?", a zamiast tego czujesz się gęsty, zwężony w jelitach i ciężki, to jest to kłamstwo, które kupujesz.

Jeśli czujesz się lekko, ekspansywnie, swobodnie, radośnie - to prawda.

Najlepiej jak potrafię, chcę, abyście wszyscy byli trochę bardziej otwarci niż wtedy, gdy zaczynaliście czytać tę książkę. Ponieważ wszyscy przychodzimy z naszym punktem widzenia, naszą rzeczywistością, naszymi pragnieniami, naszymi problemami, sprawami, na które potrzebujemy naszych tkanek - wszystkimi rzeczami, których nie byliśmy w stanie przekroczyć.

I to, co odkryłam u moich klientów i u siebie, to fakt, że nie są one nawet nasze.

My je zaadoptowaliśmy.

Żadna z tych rzeczy nie dotyczy Ciebie.

Nie rozmawiam z Tobą przy kawie i nie mówię tych rzeczy bez powodu. Dzielę się nimi, abyśmy mogli dotrzeć do tego jednego procenta - i mam nadzieję, że przyczyni się to do tego, że wyjdziesz stąd i otrzymasz telefon od tego, kto jest Ci winien pieniądze, że zamierzają wpłacić depozyt na Twoje konto. Lub, jeśli szukasz nowego stanowiska, że przyjdzie ono pocztą, e-mailem lub telefonicznie.

Albo że może jutro otworzysz gazetę lub zajrzysz do Internetu i coś, czego pragnąłeś, nawet nie wiedząc, że tego pragniesz, pojawi się na ekranie... coś w tym rodzaju.

Wracając do mnie i mojego procesu, w końcu dotarłam do Teksasu. Jedyną rzeczą, jaką wiedziałam o Teksasie, były moje własne osądy. Nie wiedziałam nawet, że mam jakieś zdanie na temat Teksasu.

Potem, kiedy faktycznie dotarłam do Teksasu i pomyślałam: "Hej, trochę mi się tu podoba".

Nadal tego nie rozumiem i nie muszę tego rozumieć. Jest tam przestronność, luz, a ja lubię luz.

Nigdy nie pojawia się tak, jak myślisz, jak zaproszenie do tej możliwości i życia, które stworzyłam.

Sprzedałam wszystko, puściłam wszystko, puściłam wszystko i wszystko, co nie chciało iść ze mną, kiedy opuściłam Kalifornię. Nawet nie sprzedałam wszystkiego. Część sprzedałam, a większość podarowałam. Nie miało to dla mnie znaczenia.

Po prostu wiedziałam, że nadszedł czas, aby wyjechać, a kiedy nadeszło zaproszenie, pojechałam.

To, co sprzysięgło się, by pobłogosławić mnie przez wszechświat od tego wyboru podążania za tym, co lekkie i słuszne, uczyniło mnie szczęśliwą. I nie była to praca ani pieniądze, dla których podjęłam tę decyzję.

To była Ziemia. To były konie. To było moje ciało. To był wybór możliwości związku i na początku się udało. Nawet sobie tego nie wyobrażałam.

"Whoa, więc to jest to, co się dzieje, gdy jest jasne i właściwe, a ty za tym podążasz", pewnie myślisz.

Tak, opatrzność też działa. Wszechświat spiskuje, by Cię błogosławić. Najgorszą częścią przeprowadzki było to, że wpadłam w lekką depresję. Ponieważ po przeprowadzce, gdy wszystko szło tak dobrze, musiałam spojrzeć na każdy wybór, którego dokonałam wcześniej, a który nie był dla mnie lekki i właściwy.

I to jest część tego, co robię tutaj w Kłamstwie Pieniędzy. Mówię o rzeczach, przez które sama przeszłam. Nie biorę tego tylko z jakiejś książki lub przesłanki, albo po prostu chwytliwe jest napisanie książki o pieniądzach. "Hej, przyjdź do mnie. Mam Twoje odpowiedzi na temat kłamstw na temat pieniędzy".

Książka i warsztaty Kłamstwa Pieniędzy są tym, czego się nauczyłam i co zobaczyłam, podążając dokładnie za tym, o czym tutaj mówię; używając tego z moimi klientami i obserwując, jak całe moje życie się rozwija. Obserwuję, jak zmienia się moje ciało, moje zdrowie, moje szczęście, moje przepływy pieniężne, moje zajęcia i moja gotówka.

Mam rosnące pomysły, książki, które napisałam i w których uczestniczyłam, a także inne rzeczy, które robię, a których nigdy nie myślałam, że uda mi się zrobić. Rzeczy, o których myślałam, że będą za 20-30 lat, dzieją się teraz - tylko dlatego, że powiedziałam "tak" tej jednej możliwości.

Ilu możliwościom powiedziałeś "nie", które w rzeczywistości były Twoim "tak", które zmieniłyby wszystko, co teraz nazywasz złym w swoim życiu?

Oto największe kłamstwo pieniędzy - i naprawdę Cię rozczaruję i przepraszam.

Największe kłamstwo dotyczące pieniędzy odnosi się do Twoich systemów przekonań i założeń dotyczących pieniędzy oraz tego, co powiedziano Ci o pieniądzach.

Większość mojej historii, którą tu opisałam, dotyczyła mnie i mojego "procesu" w odniesieniu do tego, co ta rzeczywistość, matka, ojciec czy ktokolwiek inny, powiedział mi o pieniądzach.

Ale nigdy nie chodzi o pieniądze.

Ten mały kawałek papieru tak naprawdę nic nie znaczy. Ta rzecz tutaj - to, co mówisz - jest rujnującym, niszczycielem i problemem w Twoim życiu.

Albo mówimy, że to daje nam szczęście. Albo mówimy, że jest to źródło wszelkiego zła.

Mówimy, że musimy na to ciężko pracować.

Mówimy, że jesteśmy wartościowi tylko wtedy, gdy to mamy, że jesteśmy coś warci dla kogoś tylko dzięki temu, czym jeździmy, w co się ubieramy, czym się przyozdabiamy i na jakie wakacje możemy pojechać. Nie mówię, że wszystkie te rzeczy nie są piękne, bo ja też je lubię. Ale ilu z Was uzależniło się od pieniędzy jako przyczyny lub najważniejszego elementu swojej radości, szczęścia lub wartości?

Czy byłbyś więc skłonny zrezygnować z choćby jednego procenta więcej swojego kłamstwa, że pieniądze cokolwiek o Tobie znaczą, że pieniądze są Twoim bogiem lub guru, lub że pieniądze mają cokolwiek wspólnego z Twoją samooceną?

Czy byłbyś skłonny zrezygnować z tego o jeden procent więcej?

I wszędzie tam, gdzie zrobiłeś marchewkę i powiedziałeś: "Jeśli tylko będę miał taką ilość pieniędzy, to będzie lepiej. Jeśli zrobię tylko to, będę szczęśliwy. Jeśli tylko dostanę pięćdziesiąt tysięcy dolarów, to będę szczęśliwy. Jeśli w przyszłym miesiącu zapłacę czynsz, będę szczęśliwy".

"Jeśli mam taką kwotę na koncie bankowym, to dam tej osobie napiwek".

"Nie dam dwudziestu procent, bo nadepnął mi na palec", ale tak naprawdę dzieje się tak dlatego, że nie masz tych dodatkowych dwudziestu procent w swoim umyśle.

Zdradzę Ci jedną z moich małych sztuczek.

Za każdym razem, gdy czuję to ograniczenie lub klatkę wokół pieniędzy, daję więcej.

Czasami naprawdę trudno jest dawać więcej, a czasami nie chodzi nawet o pieniądze. Czasami jest to jedzenie lub ubrania. Przechodzę przez wiele rzeczy - kiedy miałam wiele rzeczy - i poprosiłam przedmiot, aby powiedział mi, do kogo chciałby trafić? Podarować czy oddać?

Moi przyjaciele mnie kochali. "Nie chcę tego krzesła. Nie chcę tej kanapy. Proszę bardzo. Masz."

Wolałam siedzieć bez czegoś, niż siedzieć z czymś, co już dla mnie nie działa. Trochę to trwało, ale podjęłam decyzję. Zażądałam, aby wszystko, co mnie otacza - na czym siedzę, czego dotykam lub co kładę na swoim ciele - musiało sprawiać, że czuję się w określony sposób. Musi sprawiać, że czuję się dobrze lub pięknie. Jest miękkie, a nie ciasne.

Tak, pytam moje ciało, co chciałoby nosić każdego dnia. Jaki kolor, jaką energię?

To są rzeczy, które wyrywają nas z pamięci - komfort, łatwość, szczęście.

Przypominam Ci więc. Możesz stworzyć łatwość, nie musisz przyjmować choroby.

19

DLACZEGO MÓWIMY O PIENIĄDZACH?

Dlaczego więc mówimy o pieniądzach?

Ta rzeczywistość lubi wytykać palcami. Tak długo, jak chodzi o drugą osobę w związku lub lekarza, który nie zdiagnozował Cię, gdy odkryłeś, że masz coś lub czego nie ma na Twoim koncie bankowym, czujesz, że jesteś poza haczykiem.

Ale to nie zmienia sposobu, w jaki podchodzisz do pieniędzy.

Czy byłbyś skłonny zmienić swój stosunek do pieniędzy o jeden stopień więcej? Zacznijmy więc od tego, kolejnego kłamstwa, #2.

Drugim kłamstwem jest to, że wartość netto równa się wartości własnej.

Powiedz mi więc, dlaczego musisz mieć pieniądze, aby być wartościowym? Jak to się dzieje, że przez samo bycie sobą nie jesteś finansowo w porządku?

Wrócę do tego za chwilę, ale wcześniej chcę podzielić się pewną historią. Kiedy po raz pierwszy spotkałam Gary'ego Douglasa, założyciela Access Consciousness, prowadził on dla mnie 7-dniowe warsztaty w Nowej Zelandii i powiedział: "Kochanie, jesteś dziwką".

Zaczęłam płakać, ponieważ wierzyłam, że bycie dziwką jest złe, a nie wiedziałam, że wierzyłam w to na takim poziomie, ani że wierzyłam, że powodem, dla którego byłam wykorzystywana, było to, że byłam dziwką. Wierzyłam, że zrobiłam coś złego.

Powiedział mi więc: "Kochanie, chciałabyś wiedzieć, co przez to rozumiem?".

Odpowiedziałam: "Oczywiście".

Zapytał: "Czy masz jakiś osąd na temat kogokolwiek lub czegokolwiek?".

"Nie, nie bardzo".

A on powiedział: "Nawet przez te wszystkie nadużycia, przez które przeszłaś, czy nienawidziłaś ludzi?".

"Nie".

Powiedział: "Czy wiesz, że to rzadkie i inne?". "Wiem."

I powiedział: "Możesz otrzymać od każdego. I możesz otrzymać wszystko, a to jesteś Ty. Więc, czy chciałabyś ucieleśnić dziwkę, którą naprawdę jesteś?".

I powiedziałam: "Do diabła, tak!".

Ale to wymagało zmiany mojego osądu na temat tego, co to znaczy być dziwką, ponieważ do tego czasu wiązało się to z moimi przeszłymi nadużyciami.

Jako ktoś, kto doświadczył wielu nadużyć, zajęło mi dużo czasu, aby pozwolić mojemu ciału cieszyć się, od stóp do głów, pełnym orgazmem. Wciąż mam z tym pewne problemy, ale jest dziewięćdziesiąt dziewięć punktów dziewięć procentowych lepiej.

Wtedy zapytałam: "Ale co to jest dziwka?".

A on odpowiedział: "Hej, kochanie, dziwka dostaje pieniądze".

I to jest prawda, bo jeśli on lub ona nie chce ich dostać, to ma kogoś, kto je zdobędzie.

Chcę być odbiorcą wszystkiego, co dobre.

Nie mówię, że muszę się wywyższać czy być autentyczna. Nie twierdzę, że mam wkręcać ludzi czy ich zabijać. A on tego nie mówił; wrobił mnie w coś tak oburzającego, że skłoniło mnie to do myślenia poza własną klatką tego, czego bym nie otrzymała. To było niesamowicie uwalniające w tamtym momencie.

Twierdzę, że wszystko, co myślimy, może zniszczyć naszą zdolność do tworzenia i urzeczywistniania się, jeśli mamy ustalony osąd.

Kiedy kogoś osądzasz, zauważysz, że Twoje serce lub ciało kurczy się, czujesz się trochę zagęszczony lub chcesz się wycofać.

Jak wiele możesz od nich otrzymać? To samo dotyczy pieniędzy.

Im więcej osądów możesz przyjąć i im więcej osądów możesz odpuścić, tym więcej pieniędzy napłynie do Twojego życia i tym więcej otrzymasz tego, czego naprawdę pragniesz.

Tutaj przeskoczyłam do kłamstwa nr 3 - które dotyczy otrzymywania i osądów w Twoim życiu.

Nie mówię, żeby stanąć przed salą i powiedzieć: "Wszyscy, możecie mnie osądzić? Rzućcie we mnie strzałkami".

Tak więc, wszystkie związki, w których już nie jesteś, które odcisnęły na Tobie piętno seksualne - związki seksualne, w których już nie jesteś, w tym małżeństwa, które odcisnęły na Tobie piętno, ich punkt widzenia na pieniądze, ich punkt widzenia na Ciebie, ich punkt widzenia na gotówkę, ich osądy na Twój temat, które wciąż pływają w twojej świadomości komórkowej, czy chciałbyś się od tego energetycznie uwolnić?

Czy chciałbyś to rozproszyć i uwolnić na ziemię? Czy chciałbyś zwrócić im wszystko, co do nich należy, z dołączoną świadomością? Czy chciałbyś uwolnić cały swój system seksualny od ich rzeczywistości? I pozwolić swojej seksualności rozkwitnąć, rozkwitnąć? Z nowymi możliwościami?

Podejmij działanie teraz. Zniszcz swoje kłamstwa, zadając sobie pytania, które je dekonstruują.

20

CZEGO ODMAWIASZ?

Czym odmawiasz być, gdy wkładasz pieniądze do portfela i pytasz je, co chciałyby powiedzieć, a one odpowiadają: "Nie kochasz nas".

Czym odmawiasz bycia, co natychmiast zmieniłoby tę energię?

Czego wszyscy odmawiacie z pieniędzmi, które, jeśli po prostu nimi będziecie - jeśli będziecie je kochać, jeśli będziecie je pocierać, jeśli będziecie je honorować, jeśli będziecie je szanować, jeśli będziecie je całować - nie obchodzi mnie, co z nimi zrobicie - ale jeśli je pokochacie, stworzycie je z radości możliwości tego, kim jesteście i czego chcielibyście jako swojej rzeczywistości, to one nadejdą.

Wszechświat sprzysięgnie się, by Cię pobłogosławić,

ale musisz wybrać i zaangażować się w siebie. To Twoja szansa i masz wolną wolę.

Zaangażuj się - nie tylko dlatego, że Ci każę.

W przeciwnym razie nie wykorzystujesz swoich pieniędzy jako możliwości. A nie wykorzystujesz swoich pieniędzy jako możliwości, ponieważ nie chcesz być możliwością.

Co by było, gdybyś był chodzącą możliwością i to byłaby Twoja finansowa rzeczywistość?

Jedna z uczestniczek moich warsztatów Kłamstwa Pieniędzy powiedziała w tym miejscu: "Pieniądze były zawsze używane jako kara w mojej rodzinie.

Moi rodzice rozwiedli się, a tata ukarał mamę, zabierając jej wszystkie pieniądze, ponieważ ją kochał. Chciał z nią zostać, a ona nie, więc skończyło się na tym, że mieszkała w Paryżu, ale w małym mieszkaniu, będąc biedną. To było po tym, jak była córką ambasadora mieszkającego w ogromnym domu w najlepszym miejscu w Paryżu".

Zadałam jej więc pytanie: "Co zdecydowałaś o pieniądzach właśnie wtedy, na podstawie tego, co zobaczyłaś u swojej matki i ojca? Prawda?

Pierwsza myśl, najlepsza myśl, brak myśli".

Odpowiedziała: "Pieniądze były podłe".

"Dokładnie. Czy mogę się z Tobą czymś podzielić?

Sposób, w jaki mówiłaś o swoich pieniądzach: "Ale ja robię wszystko", jest podły". Podkreśliłam jej stosunek do pieniędzy. Zgodziła się z tym.

Kontynuowałam: "I właśnie dlatego cokolwiek chcesz zmienić w kwestii pieniędzy, nie zmienia się i nie ma to nic wspólnego z pieniędzmi.

Ma to związek z tym, że jesteś podła i wybierasz bycie podłą, tak jak Twoja matka i ojciec byli podli wobec siebie nawzajem.

Jak wiele szaleństwa jesteś skłonna porzucić dziś wieczorem w związku z tym, czego Twoi rodzice nauczyli Cię o pieniądzach?

Ile szaleństwa? Ponieważ kiedy zaczynasz opowiadać tę historię, słyszysz: "Cholerny Paryż, pieniądze, rozwód. Zabierz mnie stąd, uratuj mnie, uratuj mnie".

Ale rzeczywistość jest taka, że wszyscy mamy jakieś szaleństwo związane z pieniędzmi.

Dlatego kłamstwem nr 2 jest to, że nasza wartość netto ma coś wspólnego z naszą samooceną. To dlatego mówimy o pieniądzach i chodzimy na te wszystkie warsztaty finansowe, gdzie myślimy, że ktoś da nam odpowiedź na nasz przepływ.

Cóż, odpowiedzią nie jest konfiguracja ani obliczenia, odpowiedzią jest bycie sobą."

"Masz na myśli?" zapytałam, starając się zrozumieć wewnętrzną naturę tej osoby.

"Ale czy wewnętrznie jesteś wredna? Kiedy byłaś dzieckiem i obserwowałaś poczynania swoich rodziców, podobało Ci się to?". Sondowałam dalej, zachęcając do refleksji nad wpływami z dzieciństwa.

"Nie, chciałam powiedzieć, że byłam wredna, ale tak" - przyznała.

"Poczekaj chwilę... to jest dobre", zatrzymałam się, rozpoznając kluczowy moment. "Powiedz: "Jestem wredna"".

"Jestem wredna" - odpowiedziała uczestniczka.

"Powiedz: 'Jestem naprawdę cholernie wredna'".

"Jestem naprawdę cholernie wredna" - powtórzyła uczestniczka.

"Zdecydowanie wiem, że nie chciałabym być po Twojej drugiej stronie, po tej wrednej stronie, ponieważ mogłabyś mnie przeciąć na pół, prawda?" zauważyłam, uznając potencjał ostrych krawędzi.

"O tak," potwierdziła uczestniczka.

"Pieniądze przychodzą na imprezę zabawy. Nie przychodzi do podłości i bycia pociętym na kawałki, wszyscy będą uciekać. Skończyłaś z ludźmi uciekającymi przed Tobą?" zapytałam, kierując rozmowę w stronę transformacji.

Następnie uczestniczka ujawniła rodzinny zwrot w narracji. "Ponieważ mój ojciec nie dawał wystarczająco dużo pieniędzy mojej matce, w ramach zemsty moja matka umieściła mnie w najdroższych szkołach na świecie, aby musiał płacić za szkoły i wydawać pieniądze".

"Więc innym kłamstwem, o którym miałam dziś mówić, jest to, że pieniądze są Twoim wrogiem - pieniądze są Twoim sprawcą, a nie sprzymierzeńcem, i właśnie o tym tutaj mówi" - wyjaśniłam, łącząc kropki.

"Czy chciałabyś zrezygnować z tego jeszcze o jeden stopień?" zapytałam, oferując możliwość zmiany perspektywy.

"Tak" - potwierdziła uczestniczka, sygnalizując chęć rozwikłania warstw przeszłych uwarunkowań.

W ten sposób byłyśmy w stanie odkryć kłamstwa tej osoby, przenosząc ją z miejsca zamieszania i frustracji związanej z pieniędzmi do chęci transformacji, zaczynając od zmiany o jeden stopień.

Mogłam zrozumieć, skąd ona pochodzi, ponieważ sama przez to przechodziłam. Moja matka również używała pieniędzy na nas, bez naszego życzenia, aby po prostu wyrazić swój gniew na mojego ojca. Nie chciałam tych cabbage patch! Byłam trochę chłopczycą i nie chciałam lalek cabbage patch, ale to były lata 80-te i wielka rzecz w tamtych czasach, i tak dobry przykład wydawania pieniędzy przez moją mamę jako reakcja na złość na mojego ojca.

Mama powiedziała o tym ojcu i powiedziała: "Potrzebuję na to więcej pieniędzy. Lisa, powiedz ojcu o da, da, da, da".

A ja powiedziałam: "Nawet tego nie zrobiłam, jakby co? Tak, mam lalki Cabbage Patch, dzięki tato".

Wyszłam i poszłam gdzieś. "O mój Boże, ci ludzie są szaleni. Co to za rzeczywistość?" To szalone, jak ludzie wykorzystują pieniądze.

Czy ona wiedziała coś lepszego? Nie, to była ich dynamika, uraza, odrzucenie, żal związany z pieniędzmi.

Czy chciałbyś wyrwać się z rzeczywistości swojej matki, swojego ojca, policjanta, skarbówki lub swojego byłego?

I czy byłbyś skłonny porzucić podłość, którą wybrałeś jako swój kostium, swoją osobowość, w oparciu o to, czego byłeś świadkiem.

Tylko o jeden stopień więcej, ponieważ jest w Tobie piękno i miękkość, które są prawdziwym Tobą. Widzę to, ale jest to pod całym tym pancerzem podłości. I nie ma nic bardziej bolesnego niż życie jako nie ty z tym pancerzem.

Wiem, bo też to przeżyłam.

Kiedy to minie, kiedy się z tego uwolnisz i wejdziesz w siebie, opatrzność też się poruszy.

21

PIENIĄDZE DAJĄ WOLNOŚĆ

Pieniądze dają więcej wolności i kontroli, prawda?

Ta rzeczywistość pulsuje od nich, prawda?

Możesz walczyć z nią ile chcesz i tworzyć wszystko co chcesz, ale zgadnij co?

Jeśli nadal będziesz to robić, przegrasz, ponieważ ta rzeczywistość wibruje inaczej.

Co by było, gdybyś poświęcił całą swoją energię na przyjmowanie jej, zamiast ją odpychać? Kim byś wtedy był?

Więc to jest wybór.

Uwierz mi, rozwijasz pewne ograniczenia, gdy co tydzień masz stos pieniędzy na ladzie i obserwujesz, co się dzieje. Rozwijasz uwięzienie, a następnie tworzysz wcielenie każdego dnia.

To samo szaleństwo w kółko i w kółko, aż w końcu zapominasz, że masz inny wybór i że to, co tworzysz, nie jest tym, kim jesteś, dopóki nie obudzisz się w tym momencie i nie powiesz: "Nie chcę już tego robić. Jestem sobą."

W warsztatach wzięła udział jedna uczestniczka, która ujawniła osobliwy związek z pieniędzmi, wykazując się umiejętnością szybkiego generowania funduszy, ale zmagając się z mniej przyjemnym aspektem spłaty. Chcąc zagłębić się w jej dynamikę, zapytałam: "Co lubisz w nienawidzeniu spłacania ludzi?".

"To tak, jakbym po spłaceniu ich mogła odejść" - wyznał uczestnik. Rozpoznałam pojawienie się wzorca i zapytałam dalej: "Czy ma to coś wspólnego z pieniędzmi?".

"Nie" - padła odpowiedź, potwierdzająca oderwanie od aspektu finansowego.

"Kłamstwo nr 1 w akcji" - wskazałam, podkreślając rozdźwięk między postrzeganą kwestią a jej rzeczywistymi korzeniami. Zachęcając uczestnika do wyrażenia wzorca, poprosiłam: "Powiedz to jeszcze raz: 'Więc kiedy je spłacę...'".

"Kiedy je spłacę, będą mogły odejść" - powtórzyła uczestniczka.

"A jeśli odejdą, co się wtedy stanie?". Kontynuowałam, odkrywając kolejne warstwy.

"Wtedy je tracę" - przyznała uczestniczka.

"A jeśli je stracisz, co to oznacza dla Ciebie?" zapytałam, prowadząc uczestniczkę do zastanowienia się nad głębszymi implikacjami.

"Że nikt mnie nie lubi", brzmiała odkrywcza odpowiedź.

"A jeśli nikt Cię nie lubi, co to o Tobie świadczy?". Naciskałam dalej, zagłębiając się w podstawowe przekonania.

"Jestem pusta" - przyznała uczestniczka, osiągając punkt niepewności.

"To dobrze, bo teraz dochodzimy do czegoś, czego nie wiesz". Obserwowałam, rozpoznając pojawienie się niezbadanych emocji.

"Co kochasz w tym, że nie masz wokół siebie ludzi i możesz być sam i być nikim?" zapytałam, starając się wydobyć na światło dzienne ukryte motywacje.

"Wtedy mogę robić, co chcę" - wyjawiła uczestniczka, rzucając światło na powtarzający się temat.

"Czy to ma coś wspólnego z pieniędzmi?" zapytałam, skłaniając do refleksji nad związkiem między zaobserwowanymi wzorcami a doświadczeniami finansowymi uczestnika.

Nie, ale projektowała to na pieniądze, więc jej mottem było bycie samotną i robienie wszystkiego, co chciała. Musiała rzutować całe to gówno na pieniądze, całą tę dynamikę dotarcia do ostatniej chwili z całą wielką katastrofą i dramatem, zdobywaniem pieniędzy, pożyczaniem i zmuszaniem ludzi, by jej je dawali, a potem musieli je spłacać. Włączyła hamulce, by zachować kontrolę.

Może wybrała ubrania zamiast pieniędzy.

To tak, jakby powiedzieć: "Pozwól mi wziąć tę rzecz, na której ta rzeczywistość się skupia i funkcjonuje, i stworzyć wokół niej taką walkę, dramat i traumę, że nigdy nie będę w stanie wyjść poza nią, nigdy nie wejdę z nią w związek i nigdy nie będę z nią sprzymierzeńcem, tak że zawsze będę zmagać się z tą właśnie rzeczą, na której pulsuje ta rzeczywistość". Dzięki."

Ilu z Was też tak robi? W rzeczywistości chcesz mieć więcej kontroli, więcej władzy w swoim życiu, ale po prostu rzutujesz to na swoje finanse. To również jest finansowe nadużycie. Musisz przyznać się do swojego zachowania i pracować nad transformacją.

22

JAKA JEST WŁAŚCIWA ODPOWIEDŹ?

Kiedy zmarł mój ojciec, zostawił mi bałagan do posprzątania - bałagan ponad bałaganami - i nadal go sprzątam. Dzięki Bogu, to już prawie koniec.

Jednak kiedy żył, powiedział bardzo wyraźnie: "Chcę, żebyście wszyscy go mieli i używali, i chciałbym zobaczyć, jak wszyscy go używacie i macie, i jak mogę was wesprzeć?".

Stworzył plan. Po prostu nie słuchaliśmy.

Ale miał problem - nie mógł mieć niczego.

Musiał dawać każdemu. Dał je mojej mamie, dał je mnie, mojemu bratu i mojej siostrze. Zapłacił za wiele wesel moich kuzynów. Płacił za wesela innych ludzi.

Był po prostu takim dawcą, nadmiernie hojnym, ale to

dlatego, że nie mógł uwierzyć, że jest wart posiadania czegokolwiek z tego.

Ale co w tej rzeczywistości oznacza posiadanie pieniędzy?

Niektórzy z nas myślą, że jeśli masz pieniądze, jesteś bezpieczny. Cóż, znam wielu ludzi z pieniędzmi, a i tak przytrafiają im się straszne rzeczy.

A jeśli nie masz pieniędzy, to nie jesteś bezpieczny? Cóż, znam wielu ludzi, którzy nie mają dużo pieniędzy i nic złego nie dzieje się z ich życiem. Są po prostu szczęśliwi.

Tak więc te rzeczy, które ludzie projektują, to wszystkie intymności, osądy i punkty widzenia zaprojektowane w celu kontrolowania i konfigurowania Cię zgodnie z czyimś poglądem.

Kiedy jesteś konfigurowany do czyjegoś poglądu, gdzie pasujesz?

Nie pasujesz.

Jak bardzo oderwałeś się od swojej rzeczywistości finansowej, aby dopasować się do tej rzeczywistości finansowej? Czy jesteś jednym z tych, którzy chcą oszczędzać na czarną godzinę? Czy dobrze jest oszczędzać na czarną godzinę?

Jaka jest właściwa odpowiedź?

Kiedy prowadziłam warsztaty "Kłamstwa Pieniędzy" na Florydzie, były one absolutnie niesamowite, a wszyscy ciągle pytali: "Więc jaka jest właściwa odpowiedź?". Uznałam to za naprawdę zabawne i zastanawiałam się, czy to florydzka cecha. Znać właściwą odpowiedź.

Takie myślenie jest dobre i złe. Ponieważ powiem Ci, że jestem prawdopodobnie najgorszą osobą, do której możesz się udać, jeśli szukasz właściwej odpowiedzi. Doprowadzę Cię do szału - nie ma dobrej odpowiedzi. Jest to, co jest prawdziwe, lekkie i właściwe dla Ciebie.

Tak więc bycie dociekliwym w kwestii dobra i lekkości jest dobre, ale nie jest to rzecz uniwersalna i obiektywna. Prawda i lekkość są subiektywne i wyjątkowe dla każdego z nas.

To jak system szkolny w tym kraju, który mówi: "Masz tę odpowiedź, dopasuj ją do pudełka, dostaniesz A. Masz tyle błędów, dostaniesz B, tyle błędów, dostaniesz C, tyle błędów, dostaniesz D".

Albo, jeśli jesteś na geometrii jak ja, oblewasz ją wielokrotnie i bierzesz korepetytora, dopóki nie zdasz, prawda?

Taka jest rzeczywistość. Musisz mieć właściwą odpowiedź, aby iść naprzód.

Nie różni się to niczym od potrzeby posiadania pieniędzy, aby mieć poczucie własnej wartości, być kimś lepszym.

Wracając do oszczędzania na czarną godzinę. Kto nauczył nas tego pomysłu? Cóż, nie mamy już trzech, czterech czy siedmiu lat i zapominamy, że możemy wybrać to, co jest dla nas lekkie i właściwe.

Te lalki Cabbage Patch... czy kiedykolwiek mnie o nie pytano?

Nie, chciałem GI Joe, do cholery!

Uwielbiałam Supermana, uwielbiałam grać w piłkę nożną, uwielbiałam chodzić do miasta.

Zajmowałam się modelingiem dziecięcym w mieście, ale nie chciałam zajmować się modelingiem. Lubiłam loty helikopterem, ale modeling był do bani, bo musiałaś stać i zakładać to, co chcieli.

Nie było wyboru.

Moja matka tego chciała, oni tego chcieli. Wstajesz, robisz to. Właśnie dlatego wielu ludzi choruje na choroby zagrażające życiu, wiele związków kończy się tragicznie, a ludzie mają problemy z przepływem pieniędzy - ponieważ wszyscy decydujemy się tworzyć nasze życie w oparciu o coś lub czyś punkt widzenia, który w rzeczywistości jest dla nas kłamstwem.

A ja mówię: "ROAR®. Nigdy więcej." Bądź dudnieniem.

Bądź tsunami, trzęsieniem ziemi.

Bądź przepływem, który zmienia fizyczną rzeczywistość samą swoją obecnością. Mów "tak", gdy masz na myśli "tak", "nie", gdy masz na myśli "nie".

Przestań wierzyć, że pieniądze są źródłem wszystkich twoich problemów. Przestań wierzyć we wszystko, co powiedziano Ci o pieniądzach. Po prostu powiedz: "Cholera, jeśli to jest moja rzeczywistość finansowa, to co by się stało?

Wybieram? Gdybym dzisiaj żyła w mojej finansowej rzeczywistości, kim bym była?".

Ponieważ wtedy przynajmniej wiesz, że jesteś w teraźniejszości. Czy mówię, żeby nie oszczędzać?

Nie.

Mówię, żeby nie wcielać, nie konfigurować, nie dostosowywać, nie zgadzać się, nie opierać się ani nie reagować na nic, co nie jest Twoim "tak" - co jest dla Ciebie lekkie, właściwe i przyjemne.

Bądź sobą, ponad wszystko i twórz magię.

23

GENIALNE PIENIĄDZE

Wszystko, co musisz zrobić, to zadać pytanie - to wszystko.

Jestem jak pies z kością, jeśli chodzi o facylitację. Lubię to rozebrać na części, rozerwać na lewo i prawo, rozproszyć problem - i zabrać Cię stamtąd tak szybko, jak to możliwe, do czegoś nowego.

Zacznijmy więc ten rozdział od kilku dodatkowych pytań.

Czy chciałbyś mieć więcej gotówki?

Czy chciałbyś mieć mniej pieniędzy?

Czy pochodzisz z bardzo zamożnych rodzin?

Czy pochodzisz z naprawdę trudnych, konfliktowych rodzin w odniesieniu do pieniędzy?

Na moich warsztatach na całym świecie większość ludzi podnosi ręce na to ostatnie pytanie. Każdy wywodzi się z jakiegoś konfliktu, walki lub problematycznej sytuacji związanej z pieniędzmi. To jest większość doświadczeń, definicji, perspektywy i zrozumienia tej rzeczywistości w odniesieniu do pieniędzy.

Nadszedł czas, aby otworzyć drzwi do nowych możliwości.

Temat pieniędzy wiąże się z wieloma projekcjami, osądami, separacjami, oczekiwaniami, urazami, odrzuceniami i żalami. Te energie wokół pieniędzy zabarwiają to, czym naprawdę jest energia pieniędzy.

Z mojego punktu widzenia energia pieniędzy dotyczy wolności, ekspansji i świadomości. Chodzi o lekkość, pełnię i swobodę unikalnego daru i zdolności, którymi jesteś na świecie, i o bycie tym na świecie i robienie tego, co robisz, cokolwiek kochasz robić, co jest dla Ciebie łatwe i przyjemne. A co najważniejsze, że jesteś na świecie, gdzie ludzie wyjątkowo wykwalifikowani do pracy z Tobą przychodzą do Ciebie, otrzymują Cię, a Ty możesz ich przyjąć i współpracować w ich imieniu.

Posiadanie pieniędzy to wolność i ekspansywna możliwość zmiany tej rzeczywistości zgodnie z tym, co jest dla Ciebie lekkie, właściwe i przyjemne. Kim chciałbyś być i co robić, gdybyś miał tyle pieniędzy, ile byś chciał?

Co byś wybrał?

W moim życiu odkryłam, że generowanie i tworzenie pieniędzy jest dla mnie łatwe. Do ostatnich kilku lat naprawdę trudno było mieć pieniądze i pozwolić sobie na ich konsekwentne i ciągłe posiadanie dzięki inwestycjom, podróżom, zabawie, przyjemnościom i podróżowaniu po całym świecie.

Tak więc generowanie i tworzenie było dla mnie łatwe, ale posiadanie, utrzymywanie było czymś, co musiałam kultywować. To tutaj pojawiło się moje pierwsze kłamstwo na temat pieniędzy - że mogę tylko generować i tworzyć, a nie mieć. Czy sama to stworzyłam?

Nie. Naśladowałam rzeczywistość mojego ojca.

Mój ojciec był biednym facetem wychowanym przez alkoholiczkę i był multimilionerem, który sam się dorobił, ale wszystko roztrwonił, ponieważ zawsze mi powtarzał: "Byłem biednym chłopcem z Brooklynu. Nigdy nie oczekiwałem, że cokolwiek zarobię. Nigdy na to nie zasłużyłem. Nie miałem nikogo. Nie miałem nikogo, kto kiedykolwiek okazałby mi jakąkolwiek życzliwość, a wszystko, czego chcę, to żebyście wy (czyli mój brat, siostra, matka i ja) mieli wszystko, czego zapragniecie za życia. Chcę to wszystko wydać przed śmiercią, bo na to nie zasługuję".

Nie mógł mieć nic dla siebie, ale mógł dać coś z siebie każdemu. Był więc naprawdę hojny. Zawsze, gdy chodziliśmy na mecze, mówiłem: "Tato, usiądź z nami. Bądź tutaj."

"Nie, dzieciaki bawcie się dobrze. Ja się świetnie bawię. Lubię wasze szczęśliwe twarze" - mówił. Robił zdjęcia i robił tego typu rzeczy. Był taki smutek, że wspaniale było go tam mieć i robić to wszystko, ale jako dziecko naprawdę chciałam go tam mieć, cieszyć się czymś innym niż tylko "przybijaniem piątki" po golu lub przyłożeniu albo "Hej, potrzebujemy piwa" lub "Hej, potrzebujemy hot doga".

Czymkolwiek jest ta energia, której nie chcesz mieć, ale wiesz, że możesz tworzyć i generować, to jest to podwójne wiązanie. Środkiem podwójnego wiązania są pieniądze. Jedna strona to "Nie mogę mieć. Nie zasługuję na to. Nie jestem wystarczająco dobra, by je mieć" lub jakaś wersja tego. Druga strona to "Pragnę, byś miała".

"Co jeszcze mogę Ci dać? Pozwól mi zrobić to. Pozwól mi zrobić tamto".

Dorastałam w Nowym Jorku i chodziłam do szkoły w Connecticut. Moi przyjaciele przychodzili do mnie do domu i razem wracaliśmy na uczelnię. Ich ojcowie mówili: "Masz tu 20 dolarów", a mój tata odpowiadał: "Masz tu kilkaset?".

Byłam tym tak zażenowana, że nie miałam pojęcia, jak go przechowywać ani używać. To było najbardziej przypadkowe doświadczenie. To naprawdę piękna historia. Uwielbiam o nim mówić, ponieważ tuż obok znajduje się miejsce, w którym rozsypałam jego prochy. Dlatego uwielbiam wracać do San Francisco.

Mieszkałam w San Francisco przez ponad dwadzieścia lat. Miałam tam klinikę i praktykę przez wiele lat. To dla mnie bardzo znaczące miejsce i po raz pierwszy byłam tak blisko miejsca, w którym zostawiłam jego prochy. To było bardzo piękne być tutaj.

W każdym razie, zdecydowanie roztrwoniłem dużo pieniędzy. Byłam królową kłamstw o pieniądzach.

Myślałam, że "idź duży albo idź do domu". To jedna z rzeczy, których mnie nauczył na moją niekorzyść.

Inną rzeczą było to, że za każdym razem, gdy pytałam go o pieniądze lub o to, jak je stworzyć, mówił: "W porządku, Lisa. Pamiętaj, co Ci mówiłem. Rób to, co kochasz... A skoro już o tym mowa, nie wychodź za mąż. Ale jeśli to zrobisz, nie rób czegoś, co przyciąga przeciwieństwa, ponieważ to nie działa ".

Powiedziałam: "Dzięki, tato".

Chodzi o to, że kiedy pytałam go o pieniądze, po prostu je dawał. Przez lata nigdy nie nauczyłam się, jak samej mieć pieniądze lub je generować i tworzyć, mimo że wielokrotnie powtarzał mi, że to nie tylko męski świat, bądź swoim własnym szefem.

Miał taki wpływ na moje życie, a kiedy odszedł, było to trochę przykre. Zrobił jeszcze jedną dziwną rzecz z pieniędzmi, która była podwójną pułapką. Możesz stworzyć wszystko, czego pragniesz, ale ja jestem źródłem. Nie powiedział tego, ale tak to zinterpretowałem, wymodelowałam i wygenerowałam. Dużo czasu zajęło mi finansowe wsparcie.

Zróbmy krok w kierunku nieskończonych możliwości, mnogości możliwości, które pojawiają się na Twojej drodze, które są lekkie i właściwe, a także powiedzmy "nie", gdy pojawia się coś, co wiesz, że jest kłamstwem.

24

WSKAZYWANIE PALCAMI

Wykonywaliśmy to ćwiczenie wielokrotnie w tej książce i chcę, abyś zastanowił się nad nim jeszcze raz. Za każdym razem prosiłam, abyś wyobraził sobie, że idziesz na terapię dla par ze swoimi pieniędzmi, co myślisz, że byś powiedział?

Nie rób tego!

Nie rób tego!

Robisz to lub tamto!

Widzisz pierwsze słowo, które wszyscy wyobrażają sobie podczas terapii par? "Ty!"

Wiesz, że kiedy wskazujesz palcem, dewaluuujesz i wypierasz się tego, co jest w Tobie prawdziwe. To w rzeczywistości tworzy osąd, który rzutujesz na zewnątrz.

Jeśli ktoś nie jest szczęśliwy w związku, może zechce przeczytać tę część jeszcze raz.

Kiedy wskazujesz, osądzasz. A kiedy osądzasz, tak naprawdę bierzesz to, co jest Twoje, a nie zachowujesz tego jako swojej prawdy i robisz z tym coś, aby to zmienić. Przerzucasz to na pieniądze, osobę, związek, pracę, biznes, cokolwiek.

Jaki jest cel oskarżania kogoś innego o to, co sam robisz? Prawdopodobnie po to, abyś nigdy nie musiał patrzeć na siebie i na to, co robisz? Nigdy nie musisz zmieniać tego, co robisz, więc wszystko może pozostać takie samo z tym, co robisz Ty i Ty. Zawsze możesz mieć tę samą historię: "Bez względu na to, jak bardzo się staram, nic nigdy nie działa dla mnie. Próbowałam."

Masz tajny plan lub kłamiesz, aby utrzymać swoje przekonania na temat pieniędzy bez kwestionowania ich i nigdy nie docierasz do lustra, którym jesteś Ty. Zamiast tego grasz w niekończącą się grę w obwinianie, która nie przynosi żadnych korzyści.

Teraz pozwól mi podzielić się nieco więcej na temat drugiego kłamstwa związanego z pieniędzmi: "kim jesteś?". Dla mnie było to nieposiadanie pieniędzy, swego rodzaju objadanie się nimi i oczyszczanie z nich, wykorzystując mojego ojca jako źródło dorastania.

Pamiętam, jak mieszkałam w Arizonie i zdobywałam tytuł magistra. Prowadziłam ośrodek leczenia stacjonarnego, gdzie zarabiałam 30 dolarów za godzinę. W tamtym czasie moim sposobem na łączenie się z pieniędzmi i ludźmi było mówienie: "Płać. Wyjdź."

Kładłam pieniądze na środku stołu - nie tylko jeden banknot 100-dolarowy - i wychodziliśmy, aż pieniądze się skończyły.

Kim bułam?

Byłem moim ojcem, nawet o tym nie wiedząc.

Potem zaczęłam naprawdę zagłębiać się w jego psychologię, ponieważ jedynym sposobem, w jaki się z nim łączyłam, były pieniądze. Gdybym nie miała pieniędzy, nikt nie chciałaby się ze mną spotykać, przyjaźnić i po prostu ze mną być. Co za szalony i podstępny system przekonań!

Nikt mi tego nie powiedział. Stworzyłam to, ponieważ mój tata na swój sposób to sugerował. Uważał, że jest niekochany. Uważał, że na nic nie zasługuje. Ja też tak myślałem, w kółko i w kółko przez lata. Tak było, dopóki coś się nie wydarzyło.

Dobrze pamiętam ten dzień.

Dzień, w którym zobaczyłam Zero na koncie bankowym.

Spanikowałam. Byłam w szoku i nie miałam do kogo zadzwonić, ponieważ byłam zbyt zawstydzona, by zadzwonić do ojca po tych wszystkich pieniądzach, które mi dał. Z pewnością nie zamierzałam dzwonić do matki, bo wiedziałam, że skończyłoby się to litanią włoskich przekleństw i nie tylko.

Czym byłam?

W kółko byłam swoim ojcem. Potem dopadła mnie samotność, nawet gdy imprezowaliśmy czy cokolwiek innego. To przestało być zabawne, bo nie byłam już sobą. Byłam nim, a można być kimś tylko kilka razy, zanim obwód umysłu po prostu się wyłączy i nie można go już używać. Tak samo jest z uzależnieniami. Osiągasz pewien poziom, ale potem ten haj mija i musisz przejść do następnego poziomu. Zmienia się poziom tolerancji.

Potrzebujesz więcej, potrzebujesz więcej i wymagasz więcej. Na szczęście zdecydowałam, że to, czego potrzebowałam bardziej, to dowiedzieć się, kim jestem i kim jestem. Musiałam zrezygnować z bycia nim. A to wiązało się z całą puszką robaków. Czy musiałam porzucić jego zamiłowanie do biznesu? Czy jego miłość do biznesu była rzeczywiście zdrowa? I czy to naprawdę moja miłość do biznesu, czy to, co naśladowałam?

Czy to była jego miłość do pieniędzy, czy moja miłość do pieniędzy? Czy byłam w bankowości i szkole biznesu na studiach z mojego czy jego powodu? Powinnam zajmować się psychologią czy pracować w biznesie w Nowym Jorku, jak moja rodzina, prawda?

Tak naprawdę to nigdy nie miało się wydarzyć. Pamiętam, jak patrzyłam przez okno mojej sypialni i obserwowałam wszystkich - kobiety i mężczyzn idących na pociąg, ponieważ mieszkałam tuż obok stacji kolejowej. I zgadnijcie co? Nikt się nie uśmiechał. Obiecałam sobie, że nigdy nie będę chciała stworzyć życia, w którym nie byłabym szczęśliwa prowadząc swój biznes lub nie byłabym podekscytowana jego codziennością.

Kim oni byli?

Pewnego razu podczas moich warsztatów rozmowa zeszła na temat stabilności i przewidywalności, a jeden z uczestników ujawnił, że uosabia te cechy. Zastanawialiśmy się, skąd wzięło się to przekonanie i okazało się, że pochodzi ono od ich mamy. Stabilność i przewidywalność wydawały się znane i bezpieczne, z ustalonym i przejrzystym budżetem.

Kopiąc głębiej, odkryliśmy, że to przekonanie było zakorzenione w ośmioletnim ja uczestnika. Ukształtowało się wtedy i nadal się go trzymał. Zdaliśmy sobie sprawę, że uczestnik faktycznie zobowiązał swoje młodsze ja do zarządzania swoją rzeczywistością finansową. Przeanalizowaliśmy korzyści i wady takiego podejścia. Z pewnością nikt nie chciałby, aby dziecko zarządzało jego finansami.

Tak więc rozmowa przeniosła się na zwolnienie z tego obowiązku, dając ośmiolatkowi odprawę w postaci zabawy, wolności i odpowiedzialności dorosłych. Energia w pokoju rozjaśniła się, gdy uczestnik przyjął perspektywę nowej, wzmocnionej perspektywy pieniężnej.

Pod fasadą stabilności i przewidywalności podejścia finansowego matki, odkryliśmy nurt strachu i niepokoju. Uczestnik nieświadomie zinternalizował te emocje, błędnie określając je jako bezpieczeństwo.

Ta świadomość spowodowała głęboką zmianę perspektywy - uwolnienie się od kotwic pieniężnych z dzieciństwa. Uczestnicy zaczęli rozumieć, że ich rzeczywistość finansowa nie była tak straszna, jak myśleli. Był to moment transformacji, otwierający możliwość zdrowszej relacji z pieniędzmi.

Zadaj więc sobie pytanie? Czy pozwalasz dziecku rządzić swoim bankiem? A może to Ty nim rządzisz?

25

BŁYSKOTLIWOŚĆ DZIĘKI PIENIĄDZOM

Co by było, gdybyś wyszedł stąd z niczym innym, tylko ze sobą i przestrzenią bycia sobą?

Gdybyś miał magiczną różdżkę i był sobą, co byś teraz wybrał?

Czy zrobiłbyś swój budżet, czy też poprosiłbyś kogoś o współpracę i pokazanie ci czegoś, co jest dla nich zabawne?

Znalazłam kobietę, która uwielbia liczby i mówi do mnie w liczbach. Sprawia, że wszystko jest dla mnie jasne, jeśli chodzi o wszystkie moje konta i wszystko, i wprowadziła mnie w ten cały QuickBooks online. To niesamowite. To ograniczenie właśnie się otworzyło.

Zaczynam czuć się tak ekspansywnie, wiedząc, że ona zajmuje się wszystkim za mnie, a ja mogę z nią o tym rozmawiać. Tak więc, kiedy o coś prosi, pojawia się ekscytacja: "Tak, oto jest" lub kiedy mówi: "Sprawdź to", mówię: "Tak, zróbmy to".

Jest w tym ekscytacja, podczas gdy po śmierci ojca, gdy nie miałam go już jako źródła, byłam całkowicie przerażona. Nie wiedziałam, co robić. Po raz pierwszy musiałam stworzyć własną rzeczywistość finansową.

Dziś jestem zadowolona z tego, gdzie jestem, prowadzona przez właściwą energię.

Od razu wiem, kiedy to jest "Nie, wynoś się stąd, nawet do Ciebie nie oddzwonię".

Wiem, kiedy jest wolne miejsce i mówię: "To mój towar. Zdecydowanie potrzebuję jej lub jego".

Wiesz o co mi chodzi? Wiem to teraz. Nie wiedziałam tego wtedy, ponieważ byłam pod wpływem systemu wierzeń mojego ojca.

Jeśli więc po przeczytaniu tego tekstu poczujesz się nieco lżejszy, bardziej ekspansywny i swobodniejszy, to świetnie. Jeśli poczujesz się okropnie i wyjdziesz stąd myśląc: "O cholera. Mam kilka rzeczy do zrobienia", to świetnie, bo przynajmniej wtedy przyznajesz się do kłamstw.

Kim jesteś? Czym jesteś? W jakie kłamstwa wierzysz? Pamiętaj, że "kto" to zazwyczaj ktoś, a "co" to energia. A kłamstwo to przekonanie zaszczepione przez tego kogoś lub tę energię, które nadal postrzegasz jako prawdziwe.

Istnieje wiele barier kulturowych, które utrudniają uporządkowanie rzeczywistości finansowej. Pozwól, że podzielę się inną interakcją z moich warsztatów Kłamstwa Pieniędzy. Rozmawialiśmy o pieniądzach i atmosfera robiła się interesująca. Nagle jeden z rosyjskich uczestników rzucił taką bombę: "Posiadanie pieniędzy jest złe". Postanowiliśmy się tym pobawić, mówiąc to po angielsku, a następnie po rosyjsku. Zaskakująco, rosyjska wersja wydawała się lżejsza, bardziej ekscytująca.

Sprawdziliśmy, jak poglądy kulturowe kształtują przekonania na temat pieniędzy. Okazało się, że rosyjska perspektywa wydawała się uczestnikom bardziej swobodna. Potem trafiliśmy na coś wielkiego - pomysł, że "zło" to po prostu "życie" pisane wspak. To był strzał w dziesiątkę.

Uczestnik opowiedział o negatywnym nastawieniu do pieniędzy w swojej rosyjskiej społeczności. To było frustrujące. Zbadaliśmy przekonanie, że pieniądze są złe i odkryliśmy głęboki konflikt. Zdali sobie sprawę, że utknęli w usprawiedliwianiu tego, że tak naprawdę nie żyją, tak jak ich mama, a to nie było fajne.

Ta rozmowa pokazała, jak poplątane są przekonania na temat pieniędzy, kultura i osobiste doświadczenia. Moim zadaniem było zadawanie pytań, które zmuszały ich do myślenia. Cel? Pomóc im zobaczyć pieniądze w nowym, wzmacniającym świetle.

Ta rozmowa pokazała, że kwestionowanie tego, co myślisz o pieniądzach, może Cię uwolnić. To podróż do lepszej relacji z bogactwem. I udowodniła, że zmiana sposobu postrzegania pieniędzy może otworzyć drzwi do większej obfitości i szczęścia.

Gdy patrzę wstecz na naszą rozmowę, przypominam sobie, dlaczego tu jestem - aby pomóc ludziom takim jak uczestnik uwolnić się od starego sposobu myślenia o pieniądzach i wkroczyć w jaśniejszą, bardziej ekscytującą przyszłość.

Ile z tych przekonań słyszałeś? Że pieniądze to zło? Nie możesz wyjść poza swoją pozycję w życiu? Jeśli zarabiasz więcej niż twoja rodzina, zostaniesz wygnany lub wygnana? Albo nie będziesz już kochany, jeśli masz więcej niż Twoi przyjaciele lub rodzina?

A ile z tego, kim jesteś, to rezygnacja z finansowego bystrości na rzecz czegoś, co nawet nie jest Tobą?

Bo gdybym zapytał Cię o to, poza Twoim umysłem i poza Twoimi rzeczywistymi kontami bankowymi, czy wiesz, że jesteś genialny z pieniędzmi?

Ktoś tego nie wie? Prawda?

W porządku, nie wpadniesz w kłopoty. Powiedz: "Jestem genialny, jeśli chodzi o pieniądze".

A jeśli się wahasz, to kiedy przestałeś być genialny? Kim jesteś, kiedy przestałeś? Kim jesteś? Kim jesteś, gdy przestałeś być? Jakie kłamstwo kupujesz?

Bo oto właśnie chodzi. Jeśli kiedyś byłeś genialny z pieniędzmi, to teraz nadal jesteś genialny z pieniędzmi. Są po prostu ukryte.

Brzmi to trochę jak teoria spiskowa, ale to tylko sposób na uporządkowanie rzeczywistości i utrzymanie Cię na dnie. To właśnie robi ta rzeczywistość. Umieszcza Cię w pudełku i pozbywa się Ciebie. To tak jak z zabawkami dla dzieci, którymi bawiłeś się, gdy zacząłeś uczyć się kółek i kwadratów, i brałeś kółko i próbowałeś wbić je w kwadrat. To jak "pieniądze są złe" i "nie radzę sobie z pieniędzmi". Powtarzasz to w kółko i w kółko, ale koło nigdy nie trafia w kwadrat, ponieważ to ty jesteś kołem. Koło przechodzi w kwadrat, ponieważ jesteś genialny. Jesteś kołem.

Czy to ma sens? Więc, czy jesteś genialny z pieniędzmi?

Tak? I czy zrezygnowałbyś z jednego stopnia tego, czym postanowiłeś nie być.

Czymkolwiek jest ta emocja, która się poddaje, surfuj na niej, jakbyś surfował na fali w oceanie. Oddychaj przez usta. Emocja, energia w ruchu.

Pracuję z genialnym inwestorem giełdowym, który zarabia mnóstwo pieniędzy w Australii. Potem coś się wydarzyło i dokonał jednego złego "wyboru", a następnie każdy kolejny wybór był zły, do tego stopnia, że prawie wszystko stracił i musiał odejść, wziąć sześć miesięcy wolnego i wykonać całą masę osobistej pracy, aby odzyskać pewność siebie.

To było druzgocące - druzgocące dla niego i jego żony.

Obaj byli handlowcami i natychmiast nie mogli już nawet usłyszeć ani dostrzec swojego blasku. To zniknęło.

Kiedy coś takiego się dzieje, z jakiegokolwiek powodu, ponieważ nie ma znaczenia historia, i zaczynasz wybierać w kółko antytezę tego, kim jesteś, zaczynasz wierzyć w swoją antytezę tego, kim jesteś. Zapominasz, że zarobiłeś milion dolarów lub odniosłeś sukces. Nie tylko z pieniędzmi, ze wszystkim. Dla mnie to największe nadużycie tej rzeczywistości.

Bierze całą naszą niesamowitość za samo bycie Tobą i przekręca ją i bastardyzuje w coś innego, co nawet nie wygląda jak Ty. Potem patrzysz w lustro i myślisz: "Kim Ty, do cholery, jesteś?". A potem myślisz: "O tak, to ja. Pozwól mi wczołgać się do mojej dziury. Będę żył w żałosnej krainie".

To nie musi być dwadzieścia lat terapii z tymi narzędziami. Uwierz mi, wiem, że pozbyłam się kilku rzeczy. Wiem, jak to jest patrzeć na rzeczy, na które nigdy więcej nie chce się patrzeć, czuć, smakować czy wąchać.

Wiem jednak, że kiedy patrzę, jestem wzmocniona, ponieważ mogę teraz dokonać jasnego i świadomego wyboru. Ktoś może zdecydować się zignorować lub zapomnieć o wyborze, ale nie odbiera mu to możliwości wyboru.

Czy zawsze będzie fajnie? Nie.

Czy czasami będzie smakować jak żółć? Tak. Czy będzie smakować jak żółć tylko przez chwilę? Tak.

Nie musisz spędzać kolejnych dwudziestu lat na byciu kimś, kim nie jesteś i tworzeniu anty-ja. Możesz spędzić dzisiejszy dzień i każdy kolejny dzień będąc sobą. Bycie sobą, prawdziwym sobą, swoją duszą - ten blask jest nieodłączny dla nas wszystkich.

Czy byłoby w porządku, gdyby Twoje ciało nie było już pojemnikiem do przechowywania osądów wszystkich innych na temat ich braku chęci posiadania pieniędzy? Powiedz głośno "tak", jeśli tak...

Tak więc, kiedy ludzie robią to wokół Ciebie i czujesz, że cię oszukują, możesz powiedzieć: "Przestań nakładać na mnie swoje bzdury, wybieram swoją rzeczywistość finansową".

To jak Twoja tarcza super mocy.

Nigdy, nigdy, nigdy nie dezawuuj ani nie dezawuuj tego, co zostało Ci podarowane i co stworzyłeś dla siebie. Posiadanie w tej rzeczywistości jest zdolnością do otrzymywania, zwłaszcza pieniędzy, na poziomie, do którego większość ludzi aspiruje i nigdy nie osiąga.

Potrzebujemy więcej istot takich jak Ty, aby otrzymać i osiągnąć świat wolny od nadużyć - w tym nadużyć finansowych.

Więc nadal miej pieniądze i pozwól ludziom, takim jak Twoi przyjaciele, naprawdę poznać, być, otrzymywać i dostrzegać różnicę i wyjątkową zdolność, jaką jesteś. To dar.

Moja partnerka pochodzi z pieniędzy, zarządza pieniędzmi i ma ich dużo. Nigdy, przenigdy nie była bez pieniędzy.

Miałam ojca i mieliśmy pieniądze, ale zawsze pracowałam na pieniądze. Pracowałam od najmłodszych lat. Było też wiele nadużyć, wiele historii.

Mam historię modelingu z pieniędzmi, która była pełna pornograficznych rzeczy w agencji, dla której pracowałam. To zbyt długa historia, by się w nią teraz zagłębiać, ale miałam wiele rzeczy związanych z pieniędzmi i posiadaniem. Nie chciałam tego, ponieważ wiązało się to z nadużyciami i tym podobnymi rzeczami. Płacono mi za coś, czego nigdy nie widziałam.

Tak więc przebywanie z nią i uczenie się, jak mieć pieniądze, pragmatyczne bycie świadkiem błyskotliwości, przeniknęło do mojej rzeczywistości w sposób, który sprawił, że zaczęłam myśleć, czuć, wiedzieć, być i otrzymywać więcej pieniędzy - i lepiej podejmować decyzje dotyczące pieniędzy, po prostu będąc w jej obecności, będąc świadkiem i obserwując, nawet do punktu: "Nie zamierzam korzystać z Wi-Fi w samolocie, ponieważ to dodatkowe 7 dolarów".

I myślę sobie: "Dobra, jeśli ktoś, kto ma pieniądze, nie

chce tego robić, to co to jest? Naprawdę, co to jest?". To nie jest osąd - nie "Ona jest skąpa".

Naprawdę muszę spojrzeć na to wszystko i pomyśleć: "W porządku, czy muszę wszędzie podróżować pierwszą klasą lub klasą biznes? Czy moje ciało to lubi?".

Dzięki niej nauczyłam się wielu różnych rzeczy.

Więc kim byłbyś teraz, gdy wiesz, że możesz stworzyć swoją finansową rzeczywistość? Kim byś był? Co byś robił i ile byś wygenerował i stworzył? Prawda?

Kiedy odłożysz dziś tę książkę, napisz 25 rzeczy o tym, jaka jest Twoja finansowa rzeczywistość. Następnie twórz ją codziennie przez następne trzydzieści dni. Podejmij jedno działanie, tworząc ją przez następne trzydzieści dni. Podejmij kolejne działanie i twórz ją przez następne trzydzieści dni.

Bądź sobą, zaangażuj się w siebie, wybierz siebie i współpracuj z wszechświatem spiskującym w celu błogosławieństwa, a następnie stwórz z tego. To właśnie nazywam radykalną żywiołowością. Możesz dowiedzieć się więcej na ten temat z moich dwóch pozostałych książek

– Radykalnie Żywy Poza Nadużyciem i Tworzenie Po Nadużyciu.

26

PRZEŁAM SYSTEMOWE KŁAMSTWA

Tak jak wypowiadamy te wszystkie kłamstwa na poziomie indywidualnym, tak samo odczuwamy kłamstwa na poziomie systemowym. Co ciekawe, jeden z uczestników moich warsztatów w San Francisco zauważył.

"Istnieje kłamstwo, gdy jesteś w systemie dolara amerykańskiego. Potrzebujemy pieniędzy i używamy ich, ale waluta, którą tworzą i wciąż drukują z powodu Rezerwy Federalnej i skarbu, jest w rzeczywistości oszustwem popełnionym przeciwko nam, ponieważ zadłuża naszą przyszłość i przyszłość naszego następnego pokolenia. Wydatki wymykają się spod kontroli. Jesteśmy zadłużeni na biliony dolarów.

Z czym związana jest energia, gdzie otrzymujemy papierowe dolary za naszą pracę, weksel, ale to kłamstwo. W 1971 roku było to związane ze standardem złota. Ale oni to zakłócili i drukują pieniądze jak nikt inny, a teraz jesteśmy w punkcie, w którym..."

Wiedziałam, co mówi, jest w tym dużo prawdy. Ale niepokojące było to, jak wiele z tego, co mówiła, ucieleśniała jako swój opór i reakcję na otrzymywanie pieniędzy i pojawianie się ich na jej koncie bankowym?

W ten sposób wykorzystywała to przestępstwo przeciwko sobie.

Mimo że mówiła prawdę, w rzeczywistości stała się częścią sprawstwa, nie pozwalając sobie na to, co do niej należy i co mogłaby wnieść w demontaż tego, w zmianę tego świata, w pozbycie się Monsanto, gdyby miała pieniądze.

Eliminujemy i eliminujemy nadużycia na tej planecie, posiadając i wykorzystując pieniądze do zmiany rzeczywistości. Jeśli nie otrzymujesz. Stajesz się częścią problemu, a nie rozwiązaniem.

Musimy się rozejrzeć i być agentami zmian w naszym życiu. Dla mnie moja rzeczywistość finansowa zajmuje się moim ciałem. To była naprawdę duża praca w trakcie słuchania mojego ciała. Moja rzeczywistość finansowa ma. Moje dziesięć procent razy trzy konta: ciało, biznes i konto honorujące siebie. Chodzi o to, aby oszczędzać - otrzymywać - trzydzieści procent każdego zarobionego i wydanego dolara na oddzielne konto dla ciała, biznesu i siebie.

Moja rzeczywistość finansowa oznacza, że będę podróżował po całym świecie, gdziekolwiek zostanę zaproszona do prowadzenia zajęć. Moja rzeczywistość finansowa to program radiowy Voice America, który jest dziełem miłości i kosztuje od trzydziestu do pięćdziesięciu tysięcy dolarów rocznie. Jest to darmowy zasób, ponieważ wiem, że kiedy otrzymam telefon z Dubaju, Pakistanu, Indii, Australii, Hongkongu, Izraela czy czegokolwiek innego i ułatwię jednej osobie wyjście z klatki nadużyć do radykalnej żywotności - przejście od traumatycznego do orgazmicznie żywego - wiem, że dotknąłem tej ziemi i tego kraju.

Wiem, że internet jest dostępny wszędzie i nie zamierzam przestać, dopóki jest to częścią mojej finansowej rzeczywistości.

Ile z tego, co powiedziałam, dotyczy pieniędzy? Ten rozdział jest przypomnieniem o tworzeniu swojej rzeczywistości. Ta książka ma na celu przyjęcie siebie jako prezentu. Z finansowego punktu widzenia otrzymanie siebie w prezencie jest formą miłości własnej. Miłość własna jest zbawcą mojej finansowej rzeczywistości. Praca nad posiadaniem, otrzymywaniem, oszczędzaniem, gwarantowaniem i tworzeniem całej mojej rzeczywistości z autentyczności i szczerości jest najwyższym celem mojego duchowego życia. I szczerze mówiąc, wybieram życie Radically Alive, wolne od wszelkich ograniczeń, które nigdy nie były moje. A Ty, drogi czytelniku? Jaka jest Twoja rzeczywistość finansowa?

Dziękuję za poświęcony czas. Tym, których dotknęłam po raz pierwszy, dziękuję za przeczytanie. Tym, których znam bardzo dobrze, dziękuję. Cenię wasz czas. Cenię Twoją uwagę. Cenię Cię.

Mam nadzieję, że okazało się to owocne. Mam nadzieję, że miałam w tym swój udział i zdecydowanie mam nadzieję, że usłyszę wasze komentarze na temat tej lektury.

Bądź Sobą! Ponad Wszystko! Stwórz Magię! i Idź, Bądź, Twórz!

PODSUMOWANIE

We wstępie powiedziałam Ci, że trzymasz ręce na kopalni złota i mam nadzieję, że teraz widzisz dlaczego.

Prawda jest taka, że po prostu nie ma powodu, dla którego nie możesz stworzyć wszystkich pieniędzy, których pragniesz, jeśli masz odwagę i chęć zajrzeć "pod maskę" własnej rzeczywistości finansowej. W tej książce pokazałam Ci sposób i dałem narzędzia do rozpoczęcia procesu badania trzech kłamstw związanych z pieniędzmi.

Pierwszym kłamstwem jest to, że pieniądze są bogiem, a Ty jesteś kimś mniejszym.

Drugim kłamstwem jest to, że pieniądze są Twoim oprawcą, Twoim wiecznym więźniem i nie możesz ich mieć.

Trzecim kłamstwem jest to, że pieniądze są problemem.

I chociaż nie są to wszystkie kłamstwa związane z pieniędzmi, to wystarczy, aby zacząć.

Pamiętaj, że wystarczy przesunąć się tylko o jeden stopień, prawda?

Jestem pewna, że zauważyłeś, że istnieje wiele, wiele głębokich pytań, które możesz sobie zadać, aby rozwikłać wszystko, co dzieje się wokół pieniędzy i mam nadzieję, że zadawałeś je sobie w trakcie czytania tego tekstu lub zaznaczyłeś je, aby powrócić do nich ponownie.

(Jeśli jednak tego nie zrobiłeś lub czujesz, że chciałbyś uzyskać więcej pomocy w tym zakresie, zajrzyj do Załącznika, w którym wymieniłem inne dostępne zasoby. Jest ich mnóstwo i wszystkie mają na celu pomóc Ci przebić się do Twojego własnego ROAR® - twojej radykalnie, orgazmicznie, żywej rzeczywistości).

Ilekroć utkniesz w martwym punkcie i będziesz chciał się z niego wydostać, zacznij zadawać sobie te trzy zasadnicze pytania:

- *Kim jestem?*
- *Czym jestem?*
- *Jakie kłamstwo kupuję, które uczyniłem prawdą?*

Następnie, gdy odkryjesz prawdę dla siebie i uwolnisz swoją energię, będziesz chciał iść naprzód w swoim życiu z "4 C":

- *Angażuj się w siebie*
- *Wybierz dla siebie*
- *Wszechświat spiskuje, by Cię pobłogosławić i chce z Tobą współpracować.*
- *Stwórz siebie*

Kiedy zaczniesz wybierać to, co jest jasne i tuż przed Tobą - i podążać za tą energią - pieniądze podążą za Tobą z powodu tego, co jest w Tobie.

Tak więc, jak powiedziałam innym...

Podwójnie wyzywam Cię, abyś był chodzącym, mówiącym tsunami lub trzęsieniem ziemi, które zmienia rzeczywistość samą swoją obecnością, abyś był swoją ROAR® (Radically Orgasmically Alive Reality).

Bądź sobą, ponad wszystko i twórz magię.

Dr Lisa Cooney, pionierka w dziedzinie transformacji osobistej!

Jako licencjonowana terapeutka małżeńska i rodzinna, Master Theta Healer i wszechstronny dynamo, jest mózgiem Live Your ROAR! Be You! Beyond Anything!  Creating Magic! Dr Lisa poprowadziła niezliczone dusze w podróż od trudnych czasów, takich jak zmagania w dzieciństwie, do przyjęcia "Radically Orgasmically Alive Reality" (ROAR®).

Dzięki doktoratowi z psychologii i torbie pełnej niezwykłych darów, w tym Reiki, Theta Healing, Termometrii, Terapii Oddechem, Psychodramie, Terapii Snów, Społecznie Zaangażowanej Duchowości, Hipnoterapii Skoncentrowanej na Sercu i Hipnozie

Głębokiej opartej na szamanizmie, dr Lisa jest certyfikowanym ekspertem.

Magia dr Lisy wynika z jej własnej podróży uzdrawiającej, wznoszącej się nie tylko ponad kłopoty z dzieciństwa, ale także pokonującej zagrażającą życiu dolegliwość. U podstaw jej transformacyjnych nauk leżą cztery złote zasady: Wybierz dla siebie, Zaangażuj się w siebie, Współpracuj z kosmicznymi błogosławieństwami i Stwórz życie, którego pragniesz - zasadniczo 4 C dla kołyszącej transformacji.

Dr Lisa, rozchwytywana guru podróżująca po całym świecie, prowadzi zajęcia, warsztaty i elektryzujące przemówienia na całym świecie. Znana ze swojej porywającej mantry "I'm Having It!... No Matter What!", dr Lisa uczy ludzi, jak jeździć na falach magicznej i kreatywnej energii, aby życie było nie tylko lekkie i właściwe, ale wręcz zachwycające.

Można ją znaleźć w jej własnym programie na kanale Voice America Empowerment Channel, gdzie co tydzień łączy się z tysiącami chętnych słuchaczy. Możesz również przeczytać jej inne książki, które odniosły międzynarodowy sukces, w tym

Radically Alive Beyond Abuse and *Creating After Abuse.*